Die Frauen der Reformatoren

Hartmut Ellrich

Die Frauen der Reformatoren

MICHAEL IMHOF VERLAG

Maria Heinsius und meinen Großmüttern
Marie & Margarete gewidmet

Bildnachweis:

Wikipedia: Titelbild links, S. 11, 13, 20 oben (Jungpionier), 23, 24 unten, 26, 27, 28 oben, 32, 33 unten (Ruth Nquyen), 36 (Rüdiger Wölk), 37, 38, 39 oben (Bettenburg), 39 unten (M*tth.K.), 40 (Theodor Hennicke), 41 (Hans Schwarz), 42 (Web Gallery of Art), 44 (Dances with Waves), 45, 49, 52, 55 (The Yorck Project: 10.000 Meisterwerke der Malerei), 56, 57 unten (Malabon), 58, 59 (The Yorck Project: 10.000 Meisterwerke der Malerei), 60 (Leviathan 1983), 62 (Botulph), 64 unten, 65 unten (The Yorck Project: 10.000 Meisterwerke der Malerei), 68 unten, 69 oben, 69 unten (Tygodnik Ilustrowany, 1863, Aleksander Tadeusz Regulski), 70 (Hejkal), 71, 72 (Michael Sander), 74, 77; Michael Imhof: S. 15, 17, 21, 29, 66, 20 unten, 22, 48; Michael Imhof Verlag: 10, 12, 14, 25, 28 unten, 33 oben, 43, 46, 51 oben, 53, 68 oben; Hartmut Ellrich: S. 2, 24 oben, 73, 75, 76, 79; Wohnungsbaugenossenschaft Wittenberg: S. 16, 47; Herzog August Bibliothek Wolfenbüttel: 19 (Signatur B 93); © Schweinfurt, Museen und Galerien der Stadt Schweinfurt: 35; © Universitätsarchiv Heidelberg: 50; Ernst Gall (Bearb.): Das Berliner Schloss, in: Deutsche Kunst, Lieferung IX/2, hg. v. Hans Roselius, Bremen, Berlin o.J. [1935–1940], Farbtafel 2a: 57 oben; Dorothée Baganz: 64 oben; Matthias Donath, Dresden: 65 oben; Paul Tschackert: Herzogin Elisabeth von Münden (gest. 1558), geborene Markgräfin von Brandenburg, die erste Schriftstellerin aus dem Hause Brandenburg und aus dem braunschweigischen Hause, ihr Lebensgang und ihre Werke. In: Hohenzollern-Jahrbuch 3 (1899), S. 49–65, hier: S. 50: 67

Trotz intensiver Recherche war es nicht in allen Fällen möglich, die Rechteinhaber der Abbildungen ausfindig zu machen. Berechtigte Ansprüche werden im Rahmen der üblichen Vereinbarungen abgegolten.

Abb. S. 2: Männerdominiert: Die Frauen der Reformatoren und der Reformation sucht man nicht nur am Wormser Lutherdenkmal vergeblich. Es gilt neben dem in Genf als weltweit größtes Denkmal der Reformation und entstand 1868 nach Plänen von Ernst Rietschel (1804–1861).
Abb. S. 9 und Titelbild rechts: Lucas Cranach d. Ä. (1475–1553), Werkstatt: Katharina von Bora, Öl auf Holz, Privatbesitz
Abb. S. 35: Porträtminiatur der Olympia Fulvia Morata, Deutschland, 17. Jh.
Abb. S. 55: Lucas Cranach d. Ä. (1475–1553): Prinzessin Sibylle von Cleve als Braut, Öl auf Holz, 1526

© 2012
Michael Imhof Verlag GmbH & Co. KG
Stettiner Straße 25
D-36100 Petersberg
Tel.: 0661/29191660; Fax: 0661/29191669
www.imhof-verlag.com | info@imhof-verlag.de

Reproduktion und Gestaltung: Anja Schneidenbach, Michael Imhof Verlag
Druck: Meiling Druck, Haldensleben

Printed in EU
ISBN 978-3-86568-757-9

Inhalt

Vorbemerkung

Die Frauen der Reformatoren – Unter diesem Titel stellt der vorliegende Band 20 Frauenporträts in den Blickpunkt, die nur stellvertretend für all die Frauen stehen, die heute namenlos sind. Sieben von ihnen sind den Frauen der bekannten Reformatoren gewidmet. Ihnen folgen sechs Porträts einflussreicher und teils stimm- und argumentationsgewaltiger Frauen, die im Dienste der Reformation wirkten. Abschließend dürfen die oft starken Frauen hinter den Landesfürsten nicht vergessen werden, die teils unter Einsatz ihres Lebens – wie Elisabeth von Brandenburg – für ihre Glaubensüberzeugung standen und diese konsequent verfolgten, mitunter zum Wohl des ganzen Landes.

Über die Frauen der Reformatoreb ist wenig bekannt, da z. T. weder fremde Aufzeichnungen noch eigene Lebenszeugnisse wie Briefe existierten oder die Zeitläufte überdauert haben.

Unter den bis heute immer noch wenigen Überblicksdarstellungen zu den Frauen der Reformationszeit lieferte Ernestine Diethoff (1832–1880) mit dem Titel „Edle Frauen der Reformation und der Zeit der Glaubenskämpfe" (Leipzig 1892) eine frühe Betrachtung. Allerdings sucht man den antiquarisch leicht erhältlichen Titel im Online-Katalog der Deutschen Nationalbibliothek vergeblich, wenngleich Ernestine Diethoffs Name als Pseudonym genannt wird und die Autorin als Ernestine Dietzsch mit zwei Titeln in Erscheinung tritt. Ihr Nachlass befindet sich im Deutschen Literaturarchiv in Marbach.

Neben Ernestine Diethoff (Dietzsch) war es Paul Mehlhorn, der 1917 bei Mohr in Tübingen ein 48-seitiges Heft über „Die Frauen unserer Reformatoren" vorgelegt hat, das auf belegbaren historischen Quellen basierte. Allerdings wurden nur ‚Käte' Luther, Katharina Melanchthon, Anna Zwingli und Idelette Calvin erfasst.

Eine erste umfassendere Gesamtschau hat die evangelische Theologin Maria Heinsius (1893–1979) mit ihrem Buch „Das unüberwindliche Wort. Frauen der Reformationszeit"

(München 1951) vorgelegt, die sie 1964 um einen spezifischen Band zu den „Frauen der Reformationszeit am Oberrhein" ergänzte. Ihr ist der vorliegende Band gewidmet, da sie selbst den sehnlichen Wunsch hegte, mehr lernen zu dürfen, als es zum Ende des 19. Jahrhunderts für ein Mädchen üblich war. Sie steht somit fast in einer Reihe mit den wissbegierigen Frauen der Frühen Neuzeit. Maria Heinsius immatrikulierte sich 1913 – noch im Kaiserreich – an der Universität Heidelberg, zunächst als „stud. theol. et phil.", um sich bald ganz der Theologie zuzuwenden. Von den Professoren Ernst Troeltsch, Johannes Weiß und Hans von Schubert war sie beeindruckt und schloss – abweichend vom Lebensweg vieler anderer Frauen – ihr Studium mit der Promotion ab. „Von 1933 an begann Maria Heinsius mit historischen Quellenstudien und dem Sichten des urkundlichen Materials über die Frauen aus der christlichen Frühzeit und aus der Reformationszeit. Dabei war es ihr Ziel, anhand der Lebensbilder der ,theologischen Ahnfrauen' deutlich zu machen, dass das Amt der Theologin ,sich im Lauf der Geschichte unter den von ihr gegebenen Möglichkeiten entfaltet und dass es schon in sehr früher Zeit eine bedeutsame kirchliche Frauenarbeit auf der Grundlage einer vollwertigen theologischen Ausbildung gegeben hat'." (Vgl. http://www.ekiba.de/1172_3502.php) Mit 53 Jahren legte sie 1946 das Zweite Theologische Examen ab, blieb jedoch ohne eigene Ordination. Sie starb am 18. Januar 1979.

Die wohl umfangreichste Edition legte der bedeutende englische Reformationshistoriker Roland H. Bainton (1894–1984) mit der dreibändigen Ausgabe „Women of the Reformation" zwischen 1971 und 1977 vor. Populär geworden ist der ins Deutsche übersetzte Band „Frauen der Reformation" (Gütersloh 1995), in dem er exemplarisch zehn Frauenschicksale von Katharina von Bora bis Anna Zwingli in kurzen biografischen Porträts vorstellt.

Nicht unwichtig sind die jüngeren Forschungen etwa der „Wittenberger Sonntagsvorlesungen", die teils seit Mitte der 1990er Jahre mit den Titeln „Frauen mischen sich ein" (1995) oder „Frauen fo(e)rdern Reformation" (2004) Personen wie die Flugschriftenautorin Ursula Weyda oder die ‚unangepasste Witwe' Felicitas von Selmnitz dem Vergessen zu entrücken suchen.

Neben Kirsi Stjernas „Women and the Reformation (Oxford 2009) stellt Sonja Domröses 2010 erschienener Band „Frauen der Reformationszeit" den vorerst letzten Versuch dar, die historischen Aufbrüche zur Gleichberechtigung der Frauen in Kirche und Gesellschaft exemplarisch zu illustrieren. Ihre acht etwas ausführlicheren Lebensbeschreibungen widmen sich adeligen und bürgerlichen Frauenschicksalen gleichermaßen. Um den historischen Kontext zu unterstreichen, beginnt das Buch mit einer Einführung in die Zeit der Reformation und endet mit Martin Luthers Frauenbild.

Der vorliegende Band ist bewusst populärwissenschaftlich gestaltet, um dem Leser den Zugang zu erleichtern. Die 20 Frauenporträts bieten einen Überblick über die unterschiedlichen Schicksale und Lebenswege bürgerlicher und adeliger Frauen. Allen gemein ist, dass sie zeigen, dass es bereits vor rund 500 Jahren Versuche von Frauen gegeben hat, gleichberechtigt an der männerdominierten Gesellschaft teilzuhaben.

Oftmals ist es statt einer Geschichte der Frauen eine Geschichte über die Frauen geworden, denn nicht immer lagen eigene Zeugnisse und Beschreibungen vor. So ist manches Bild gefärbt und wäre ohne Zweifel „runder", wenn die skizzierte Frau selbst etwas hinterlassen hätte. Anders als in Baintons oder Domröses Darstellung lag dem Verfasser mit den sieben fürstlichen Frauenporträts die Absicht am Herzen, die enge Verflechtung der Fürstenhäuser untereinander in der Beförderung der Reformation aufzuzeigen. So haben die protestantischen Fürstinnen beträchtlichen Einfluss auf die Religionspolitik ihrer Territorien ausgeübt. Viele Fürstinnen hatten in der Religionspolitik einen aktiven Part inne, der von religiösem Engagement getragen war. Als Beispiel mag hier Elisabeth von Hessen – besser bekannt als Elisabeth von Rochlitz dienen, die in ihrem kleinen Amt die Reformation in Sachsen einführte und die Initialzündung für die Einfüh-

rung im übrigen albertinischen Sachsen bot. Insofern wären die Reformatoren ohne Landesfürstinnen und -fürsten nicht denkbar. Marie von Brandenburg-Kulmbach, Kurfürstin von der Pfalz, verkörperte das Idealbild der ‚starken Frau', die den lutherischen Protestantismus selbst gegen die calvinistische Ausrichtung des eigenen Ehemannes verteidigte. Neben den Fürstinnen der ‚ersten Generation' um Martin Luther findet sich mit Anna von Dänemark und Norwegen, Herzogin und Kurfürstin von Sachsen (1532–1585), auch eine Vertreterin der so genannten ‚zweiten Generation'. In Sachsen wird sie bis heute nur ‚Mutter Anna' genannt. In ihren Briefen spürt man die Verantwortung, die sie als mitregierende Fürstin für den guten Ausgang der religiösen Umwälzung trug.

Als „Exotin" mag im vorliegenden Werk Hille Feicken erscheinen, doch bezog Luther deutlich Position zu den Täufern, so dass eine Darstellung in diesem Kontext gerechtfertigt erscheint. Namentlich bekannte Frauenschicksale sind hier die große Ausnahme. Der „Fall" Hille Feicken wäre vermutlich vergessen, wenn er nicht so außergewöhnlich gewesen wäre und die Folterprotokolle des Jahres 1534 nicht erhalten geblieben wären.

Spott und Hohn mussten viele der Frauen ertragen, Argula von Grumbach ebenso wie ihre Zeitgenossin Ursula Weyda, die Pfarrfrau Katharina Zell oder die Landesfürstin Anna von Sachsen. Diese negativen Urteile sind auch Zeugnisse der (männlichen) Wahrnehmung – einer Wahrnehmung von Frauen, die aufbegehrten gegen ihre zugewiesene Rolle, gegen die politischen, sozialen und vor allem religiösen Zustände.

Freilich können die 20 Porträts nur „Appetit" machen und anregen, sich intensiver mit den interessanten Frauenschicksalen der Reformationszeit zu beschäftigen. Insofern ist die bis 2017 laufende Reformationsdekade sicher ein guter Weg, die geneigte Leserin bzw. den geneigten Leser bewusster und stärker für die Belange der „Frauen der Reformatoren" zu sensibilisieren.

Die Frauen
der Reformatoren

ANNA ZWINGLI

geborene Reinhart (um 1484–1538)

„ein überaus schöner Mensch"

Schwere Schicksalsschläge bestimmten das Leben von Anna Zwingli. Durch die zweite Schlacht bei Kappel 1531, einem der ersten europäischen Religionskriege, verlor sie am 11. Oktober 1531 ihren Mann, den Sohn aus erster Ehe Gerold, ihren Bruder Bernhard, einen Schwager und den Schwiegersohn Anton Wirz aus der Ehe ihrer ältesten Tochter Margaretha. Von Wolfgang Capito (1478–1541), dem Straßburger Reformator, stammten die tröstenden Zeilen: „[…] Unser ganzes Evangelium hat einen schweren Verlust erlitten durch den Hingang Eures lieben Ehegemahls. Ihr habt alles Leid auf einmal und unversehens empfunden; […] wer wollte nicht Mitleid mit Euch haben? Aber Gott sei Lob, der Euch solchen Gemahl gegeben hat. […] Denn man wird seiner nicht vergessen und die Seinen wird jederman [sic!] lieb haben allewegen." (Bainton: Reformation, S. 185) Zu diesem Zeitpunkt war Anna Zwingli gerade neun Jahre verheiratet, zwei davon in geheimer Ehe mit dem Leutpriester Ulrich Zwingli (1484–1531). Leutpriester bezeichnete dabei einen Geistlichen, der eine Stelle mit pfarrlichen Rechten tatsächlich besetzte. Er konnte Pfarrer sein, die Seelsorge im Auftrag des Besitzers der Pfarrrechte ausführen oder den Pfarrer vertreten. Als Weltgeistlicher unterstand er direkt dem Bischof.

Geboren worden war Anna Zwingli um 1484 als Tochter des Zürcher Gastwirts Oswald Reinhart und dessen Frau Elisabeth Wyngüm. Das Gasthaus zum Rößli diente hauptsächlich den Fuhrleuten als Ausspanne. Dort wuchs Anna heran. In der aus dem 17. Jahrhundert stammenden Familienchronik der Meyer von Knonau wurde sie als „ein überus schön mentsch" bezeichnet. Das dürfte auch dem jungen adeligen Ratsherrensohn Hans Meyer von Knonau nicht entgangen sein, der sich in Anna verliebte. Allerdings suchte dessen Vater Gerold Meyer von Knonau die unstandesgemäße Ehe zu verhindern, indem er den Sohn an den Hof des Bischofs von Konstanz schickte. Erst im September 1504 rief er ihn zurück, um ihn mit einer adeligen Frau aus Thurgau zu verheiraten. Doch Hans, der Stammhalter von Gerold und dessen Frau Anna von Hinweil, widersetzte sich und heiratete Anna Reinhart. Eine Liebesheirat war damals eher die Ausnahme und doch erwähnt die von Knonausche Chronik genau diesen Umstand: „Die Reinhartin hat diesen ihren Ehegemahl und er sie wiederum lieb" (Mehlhorn: Die Frauen, S. 28). Der Vater aber missbilligte die Ehe und enterbte seinen Sohn, der fortan mit seiner Frau im so genannten Höfli unweit des Großmünsters lebte. Dort wurden auch die drei Kinder der Ehe geboren: Margaretha (*1505), Agathe (*1507) und Gerold (*1509). Um seine Familie versorgen zu können, musste sich Hans Meyer von Knonau als Söldner verdingen. Er selbst

Anna Zwingli, Grafik des 19. Jahrhunderts

hatte nicht an Achtung verloren, wurde 1510 von der Zunft der Adeligen in den Großen Rat der Zweihundert gewählt und wirkte als Bannerherr. Der Sohn Gerold erhielt sogar den Namen des Großvaters. Mit ihm ist eine Geschichte verbunden, die sich 1512 ereignete. Damals schickte Anna die Magd mit ihrem dreijährigen Sohn Gerold auf den Zürcher Fischmarkt. Dort fiel der Junge dem aus der Zunftstube blickenden Großvater auf, der das Treiben auf dem angrenzenden Markt verfolgte. Auf die Frage hin, um wen es sich bei dem Knaben handelt, wurde dem Großvater entgegnet: „Wie, kennet Ihr das Kind nicht? Das ist ja Euer eigner Enkel, Junker Johanns Sohn" (Diethoff: Edle Frauen, S. 42). Derart fasziniert vergaß der Großvater jeglichen Groll und bat die Eltern, Gerold bei ihm und seiner zweiten, kinderlos gebliebenen Ehefrau Regina auf dem Meyerhof aufwachsen zu lassen. Doch der Großvater starb 1518, die Stiefgroßmutter zwei Jahre später. So lange blieb Gerold dort. Mutter Anna war mittlerweile Witwe geworden, denn Ehemann Hans war 1517 krank von einem seiner Kriegsdienste heimgekehrt und starb nach 13-jähriger Ehe. Anna blieb weiterhin im „Höfli" wohnen, unweit der Amtswohnung Zwinglis, der Gerold an der nahen und mit dem Großmünster verbundenen Lateinschule unterrichtete. Gerold scheint ein sehr begabtes, anhängliches Kind gewesen zu sein, allerdings offenbar genauso übermütig wie der verstorbene Vater. Im Alter von zwölf Jahren brachte Zwingli den Knaben zur weiteren schulischen Ausbildung in Basel unter. Von dort erhielt Zwingli im April 1521 Post, in Gestalt eines fröhlich-vertraulichen und dennoch ehrerbietigen Briefes. Darin wird Ulrich Zwingli von Gerold als auserlesener Mann bezeichnet und die Stadt Basel als wohltuend für Leib und Seele bezeichnet. Nach dem Tod der Stiefgroßmutter Regina und fünfjähriger Witwenschaft heiratete Anna 1522 Ulrich Zwingli in der benannten „geheimen Ehe". Die offizielle Eheschließung erfolgte erst am 2. April 1524. Vorausgegangen war eine Bittschrift Zwinglis und weiterer Mitunterzeichner an den Konstanzer Bischof und die eidgenössischen Stände um Befreiung aus dem Zölibat. Doch auch die erste Ehe Annas spielte für die anfängliche Geheimhaltung eine Rolle, denn die Wiederheirat brachte auch seitens der Meyerschen Familie Probleme mit sich. So konnte Annas Bruder erst 1525 auf gerichtlichem Weg die Weiterzahlung ihres so genannten Leibgedinges durchsetzen, aus dem Zwingli für sich jedoch nie einen Nutzen zog. Natürlich verstummte das Gerede nicht, dass sich der arme Leutpriester eine reiche Frau genommen habe. Bis weit nach dem öffentlichen Kirchgang 1524 lebten beide Brautleute getrennt. Über die Trauung 1524 zeigte sich unter den Freunden der Straßburger Reformator Martin Bucer (1491–1551) „beinahe außer sich vor unbändiger Freude" (Mehlhorn: Die Frauen, S. 30). Der

Hans Asper (1499–1571): Der Zürcher Reformator Ulrich Zwingli, 1549

Zuzug zum Ehemann wurde der Braut erst am 26. Juli 1524 gestattet, fünf Tage später, am 31. Juli 1524, wurde die erste gemeinsame Tochter Regula geboren. Ihr folgten 1526 Bruder Wilhelm und 1528 Ulrich bzw. Huldreich und 1530 Tochter Anna, die jedoch gemäß Eintrag Zwinglis in die Hausbibel als Kleinkind verstarb. Seinem Stiefsohn Gerold hatte Zwingli bereits 1523 seine Schrift „Ueber die Bildung edler Jünglinge"

Hans Asper (1499–1571): Die Schlacht bei Kappel am 11. Oktober 1531, Holzschnitt aus der Stumpfschen Chronik, 1548

Matthäus Merian d. Ä. (1593–1650): Blick auf die Zürcher Prozessionsachse mit Großmünster, Wasserkirche und Fraumünster (von oben nach unten). Ausschnitt einer Stadtansicht nach einem Holzschnitt von Jos Murer (1530–1580) von 1576, Kupferstich, 1638

en, S. 29) Weiterhin schärfte er seinem Stiefsohn ein, er solle, wenn er zu lieben beginne, sich hüten, „daß er nicht zu Grunde geht, sondern wähle eine solche zur Liebe aus, mit deren Charakter er sich in dauernder Ehe zu vertragen getraut" (Mehlhorn: Die Frauen, S. 29). Zu allen Kindern scheint Zwingli ein gutes Verhältnis gehabt zu haben, Stiefsohn Gerold starb neben ihm auf dem Schlachtfeld von Kappel. Als Familienvater erhielt er 1526 von Generalvikar Faber aus Konstanz den Vorwurf, er sei ein zu eifriger Musiker und konnte daraufhin nur entgegnen: „Auf der Laute und Geige, auch anderen Instrumenten, lernte ich etwa; das kommt mir jetzt zugute, die Kinder zu geschweigen" (Mehlhorn: Die Frauen, S. 30). Also hatte Zwinglis Musikstudium, doch den Vorteil die kleinen Kinder mit dem Spiel auf einem Instrument zu beruhigen. Wenig indes ist zum häuslichen Leben der Zwinglis bekannt. Anna wird als sehr klug, ehrbar, fröhlich und fromm, dann auch als süßeste Gemahlin bezeichnet. Capito nennt sie „eine Mitdienerin am Wort, wenn sie einem solchen Apostel dient" (Mehlhorn: Die Frauen, S. 31). Sie hatte nach der Eheschließung ihre adeligen Seidenkleider gegen einfachere getauscht, die eher dem Status einer Pfarrfrau entsprachen. Wichtige Entscheidungen hielt der Ehemann von ihr fern, um sie zu schützen und nicht zu beunruhigen. So schrieb er 1525 an Vadian in St. Gallen mit Blick auf die Anschläge der Täufer auf seine Person: „Diese Sache wird geheim gehalten, daß weder meine liebste Frau noch meine besten Freunde etwas davon wissen" (Mehlhorn: Die Frauen, S. 31). Bei der Reise zum Marburger Religionsgespräch 1529 ließ er ihr ausrichten, er führe Richtung Basel, weil er dort Geschäfte habe. Ein einziger Brief Zwinglis an seine Frau ist heute erhalten, der seine Nüchternheit zum Ausdruck bringt. Anfang 1528 schrieb er vom Berner Religionsgespräch: „Liebste Hausfrau, ich sag' Gott Dank, daß er Dir eine fröhliche Geburt verliehen hat. Der wolle uns die nach seinem Willen zu erziehen verleihen" (Mehlhorn: Die Frauen, S. 32). Den toten Ehemann sah sie nicht wieder. Seine Leiche wurde zerstückelt und verbrannt. Die Familie blieb nahezu mittellos zurück. In der schwersten Stunde stand ihr Martin Bucer aus Straßburg bei und schrieb: „Euch, liebe Frau und Schwester im Herrn, bitte ich aufs Ernstlichste, wollet uns verständigen, wozu wir Euch und den armen Waisen möchten beraten und behilflich sein. Darin wollen wir uns treu erweisen" (Bainton: Reformatoren, S. 185). Bei Zwinglis Nachfolger Pfarrer Heinrich Bullinger fanden Anna Zwingli und ihre Kinder schließlich Aufnahme. Im Winter 1538 starb Anna Zwingli in Zürich. Sohn Wilhelm verstarb drei Jahre später als Student in Straßburg. Sohn Huldreich wirkte als Pfarrer bzw. als Professor für hebräische Sprache. Stieftochter Regula heiratete 1541 Rudolf Gwalther, den Nachfolger Bullingers und starb 1565.

gewidmet. Darin befindet sich am Ende auch das folgende berühmte Zitat: „Einem Christen ziemt es, nicht über Glaubenssätze große Worte zu machen, sondern mit Gott allezeit Schweres und Großes zu vollbringen." (Mehlhorn: Die Frau-

KATHARINA MELANCHTHON

geborene Krapp (1497–1557)

„so bricht doch die Liebe zu ihr [...] immer wieder […] hervor"

„Ich habe mich mit dem Mädchen verlobt, das Du gesehen hast, und das gewiß eines besseren Mannes wert ist. Aber Gott hat es so gewollt", schrieb Philipp Melanchthon am 4. September 1520 an einen seiner Freunde. Aus den Zeilen geht Hochachtung für eine Frau hervor, von der in der Gegenwart bedauerlicherweise kein einziges authentisches Schriftstück erhalten ist. Die Rede ist von Katharina Krapp, die Melanchthon am 27. November 1520 heiratete. Die Braut entstammte einer angesehenen Wittenberger Familie. Ihr Vater, der Gewandschneider Hans Krapp, war zudem Ratsherr und seit 1494 Bürgermeister – gehörte also zu den Honoratioren der Stadt. Katharinas Bruder Hieronymus führte nach dem Tod des Vaters 1515 das Geschäft als Gewandmeister weiter und bekleidete wie zuvor sein Vater mehrfach das Amt des Wittenberger Bürgermeisters. Für dessen 23-jährige Schwester jedoch fand der aus Konstanz stammende Student Thomas Blarer von Giersberg (1499–1567), bisweilen auch Blaurer genannt, wenig empfindsame Worte. Er schrieb, sie sei „nicht groß, fast schon streng und von mäßigem Aussehen" gewesen, fügt allerdings auch ihre Tugenden hinzu: „geschätzt, ehrenhaft und brav". Allerdings wird auch Philipp Melanchthon als eher klein und schmächtig beschrieben. So berichtete der aus St. Gallen stammende Student Johannes Kessler, Melanchthon sei eine „claine [sic!], magere, unachtbare person" gewesen, die wie „ain knab nit über XVIII jahren" wirkte. Für einen Bericht über seinen Lieblingslehrer sind dies recht deutliche Worte. Tatsächlich soll der beliebte Griechisch-Professor auch an einem leichten Sprachfehler gelitten haben. Die Ehegatten waren gleich alt, er am 16. Februar, sie im Oktober 1497 geboren. Dennoch wurde ihr bescheinigt, dass sie mit 23 als Braut bereits zu alt gewesen sei und getreu dem Wittenberger Klatsch und Tratsch angeführt, sie sei seinerzeit auch nicht mehr Jungfrau gewesen. Die nicht näher bekannte Beziehung sei jedoch zerbrochen. Der „Makel" lastete

Familienwappen Philipp Melanchthons, Holzschnitt, 1556

schwer in einer Zeit, als die Ehe „vielmehr eine Angelegenheit gesellschaftlicher Rationalität, ein Mittel der Lebensabsicherung und des Statusgewinns" war, statt „ein Ort leidenschaftlicher Liebe". (Rhein: Catharina, S. 39) Häme und Spott konnten dem Geschäft des Bruders nur schaden. So wurde die Hochzeit des Paares sogar vorverlegt, um die in Wittenberg gärenden Gespräche verstummen zu lassen. Doch die Ehe der beiden war – wie so viele in dieser Zeit – arrangiert. Der Initiator war kein Geringerer als Melanchthons 14 Jahre älterer Freund Martin Luther, der den jüngeren Kollegen mit diesem Schritt in Wittenberg zu halten suchte. Tatsächlich hatte selbst Philipps Mutter im fernen Bretten geplant, den Sohn zu verheiraten. Der aber fühlte sich längst verheiratet: mit der Wissenschaft. Auch hatte er offenbar Angst, sich durch die Ehe nicht in angemessener Weise seinen Studien widmen zu können. Die Freunde um

Martin Luther versprachen sich von der Hochzeit und Ehe mit Katharina Krapp neben dem Aspekt, den mittlerweile beruflich erfolgreichen Professor in Wittenberg zu halten, auch eine Stärkung seiner labilen Gesundheit. Melanchthon neigte nämlich zur Hypochondrie. Melanchthon war allseits beliebt – bei Kollegen und Studenten. Trotz oder vielleicht gerade wegen seines jugendlichen Alters wurden seine Vorlesungen von den Studenten begeistert aufgenommen. Luther selbst freute sich darüber, von ihm zu lernen: „Ich danke es meinem guten Philipp, daß er uns griechisch lehrt. Ich bin älter als er. Allein das hindert mich nicht, von ihm zu lernen. Ich sage es frei heraus, er versteht mehr als ich, dessen ich mich auch gar nicht schäme. Darum ich auch gar viel vom dem jungen Mann halte und werde nichts auf ihn kommen lassen." Von 1519 bis zu seinem Tod befasste sich Melanchthon mit der reformatorischen Theologie und dem Evangelium. Während der Leipziger Disputation 1519 steckte Melanchthon Luther Zettel mit passenden Argumenten für das Streitgespräch mit dem katholischen Theologen Johannes Eck zu. Beide profitierten also voneinander – ein Weggang des jüngeren musste also verhindert werden. In einem Brief schrieb

Albrecht Dürer (1471–1528): Philipp Melanchthon, Kupferstich, 1526

Melanchthon 1520: „Verlobt werde ich mit Katharina Krapp. Ich sage nicht, daß sie mir unerwünscht wäre, oder daß ich ihr kühl gegenüberstände; sie ist vielmehr ein Mädchen von solchem Charakter, solcher Gemütsart, wie ich es von den unsterblichen Göttern mir hatte wünschen müssen […] Aber ich folgte dem Rat der Freunde, die mich zur Heirat drängten. […] Denn es war keine wahrhaft christliche Freiheit, in der ich lebte, sondern ein solcher Zustand, in dem ich ruhig dahinleben und mich meiner Wissenschaft erfreuen mochte."(Mehlhorn: Die Frauen, S. 21) An Spalatin schrieb er: „Wozu ich mich verlobt oder auf wessen Urteil und Rat ich mich dieser Lebensweise zugewandt habe, kannst Du Dir leicht denken; jedenfalls lag mir schon früher nichts ferner als ein Verlobungsplan. Aber ich habe mich verlobt; mag es Glück und Segen bringen!" (Mehlhorn: Die Frauen, S. 21) Die Verlobung erfolgte um den 26. bis 28. August 1520 und besaß im Vergleich zu heute eine völlig andere Bedeutung; sie galt im 16. Jahrhundert als Ehe stiftender Rechtsakt, dem am 26./27. November 1520 die Trauung (Kopulation) mit anschließendem öffentlichem Beilager und Kirchgang folgten. Während die Familie des Bräutigams der Trauung fernblieb, nahmen von Katharinas Seite Bruder Hieronymus und Mutter Katharina (1468–1548) daran teil. Die Hochzeit war zweigeteilt, begann vermutlich am 26. November abends mit dem Beilager und endete am 27. mit dem Hochzeitszug und der Trauung. Traditionsgemäß war der Dienstag der übliche Hochzeitstag in Wittenberg, denn er galt nicht nur als „Fleischtag", sondern auch als Glückstag. Zu den Gästen gehörten Martin Luther, dessen Eltern und Geschwister, Kollegen Melanchthons aus Wittenberg und Leipzig sowie die Familie der Braut. Neben Mutter und Bruder waren dies weitere Geschwister Katharinas. Den spärlichen Quellen zufolge wurde der Braut nachgesagt, sie könne „weder besonders gut wirtschaften, noch kochen oder backen" (Reichelt: Melanchthon, S. 37). Allerdings galt sie als lieb, klug, gütig und freigebig. Der Start ins Eheleben gestaltete sich für beide Partner wohl eher schwierig. Während man zu Recht neugierig sein darf, wie Katharina die Situation empfand, klagte ihr Ehemann in einem Brief an seinen Studienfreund Ambrosius Blarer von Giersberg (1492–1564), Bruder des genannten Thomas Blarer, am 1. Januar 1521: „Ich kann nicht sagen, was ich leide […], doch wird das, was von Gott kommt, am Ende zu tragen sein." (Mehlhorn: Die Frauen, S. 22) In einem Brief an seinen Freund Johannes Hess schrieb er am 20. Februar 1521: „Ich trage eine neue Knechtschaft". (Reichelt: Melanchthon, S. 40). Eine neue Erfahrung der Ehe und Familie brachte erst die Geburt der vier Kinder: zwei Söhne und zwei Töchter. Bei drei von ihnen war das Leben Katharinas gefährdet, so dass der Ehemann mit Frau und Kindern litt; dies noch mehr beim Tod des zweiten Sohnes Georg (1525–1527) im Alter von zwei Jahren. Der älteste Sohn Philipp/Lippus (1525–1605) wirkte als Universitätsnotar und Konsistorialsekretär; die älteste

Tochter Anna (1522–1547) starb als Ehefrau des Schulrektors Sabinus im ostpreußischen Königsberg. Melanchthon nahm ihre Kinder zu sich. Tochter Magdalena (1531–1576) lebte als Ehefrau des kursächsischen, später fürstlich anhaltinischen Leibarztes Kaspar Peucer mit ihrer Familie im elterlichen Wohnhaus. Zwar ist die erste Behausung Melanchthons nicht mehr nachweisbar, doch erwarb er mit der Heirat ein Fachwerkhaus in der Nähe der Universität. Die Behausung wurde auch als „Bude" bezeichnet und glich mehr einer modernen Wohngemeinschaft, denn einem klassischen Einfamilienhaushalt. Unter einem Dach lebte die eigene Familie mit Pflegekindern, Gesinde und den wechselnden Hausschülern Philipps. Das Haus war klein und das bescheidene Gehalt von 100 Gulden für die zunächst fünfköpfige Familie reichte gerade zum Lebensunterhalt. Im Frühjahr 1536 war der Verfall der „Bude" dermaßen fortgeschritten, dass die Melanchthons im Peiskerschen Haus in der Collegienstraße Unterkunft fanden. Zu diesem Zeitpunkt befand sich Philipp in Verhandlungen mit der Universität Tübingen. Erst durch das Eingreifen des Landesherrn Kurfürst Johann Friedrich (des Großmütigen) konnte die Familie in Wittenberg gehalten werden. Im Oktober war das heute als Melanchthonhaus bekannte Gebäude in der Collegienstraße 60 bezugsfertig. Die Durchführung des Baues lag teils in den Händen von Katharinas Bruder Hieronymus als Bürgermeister Wittenbergs. Die Eheleute führten einen sehr freigiebigen Haushalt, der nicht zuletzt auf „Katharinas Liebe zu ausgelassener Geselligkeit" (Bainton: Reformation, S. 183) zurückging, die der Hausherr bisweilen zu dämpfen suchte. Dennoch: Die Freigiebigkeit war beiden eigen; die finanziell ärmeren Melanchthons übertrafen diesbezüglich auch die Familie Luther. Das soziale Gefälle sorgte für Spannungen, insbesondere zwischen den beiden Frauen. Der älteste Melanchthon-Biograph Joachim Camerarius (1500–1574) hielt zur Gebefreudigkeit beider fest: „Keiner von ihnen schien ohne irgend eine Gabe und traurig von dannen zu gehen" (Mehlhorn: Die Frauen, S. 23). Engagiert zeigte sich die Hausfrau Katharina Melanchthon in der Versorgung ihrer großen Familie. Wenn es den Wittenberger Familien nur gestattet war, pro Haushalt eine Ziege zu halten, so erwirkte sie in einem Bittschreiben an den Kurfürsten, gleich drei in ihrem Garten an der Stadtmauer halten zu dürfen. Sie erhielt dafür eine Sondererlaubnis. Vielfach wird es der Ehefrau nicht leicht gewesen sein, den Haushalt zu führen und die Launen ihres Mannes zu ertragen, denn zu den negativen Eigenschaften Philipps gehörte der Jähzorn. Und auch die Kinder bereiteten den Eltern nicht nur Freude. Der kränkelnde Philipp war Mutters Sorgenkind und erzeugte als 18-Jähriger durch seine heimliche Verlobung mit der aus Leipzig stammenden Margaretha Kuffner über Wittenbergs Grenzen hinaus einen handfesten Skandal. Selbst Luther wetterte seinerzeit von der Kanzel gegen das von Philipps Eltern nicht gebilligte Eheversprechen.

Wittenberg, Melanchthonhaus

Am Ende waren die Ehepartner 37 Jahre verheiratet, in der Mehrheit wohl eher glücklich, denn Katharina war ihrem Mann im Laufe der Jahre eine geliebte und wichtige Begleiterin geworden. In Heidelberg erreichte ihn 1557 durch seinen Freund und späteren Biografen Camerarius die Nachricht vom Tode seiner Frau. Am 11. Oktober war sie an den Folgen eines längeren Steinleidens in Wittenberg verstorben. Er suchte Trost, als er schrieb: „Obgleich ich viele menschliche Gründe sammle, die meinen Kummer lindern sollen, nämlich: daß das Greisenalter ihr nicht mehr viele Jahre zugelegt [zugebilligt d. Verfasser], daß die Heftigkeit der Krankheiten, an denen sie litt, noch zugenommen haben würde, und daß sie, wenn ich vor ihr gestorben wäre, noch viel mehr hätte erdulden müssen […], so bricht doch die Liebe zu ihr […] immer wieder mit einer solchen Gewalt hervor, daß ich dem Schmerze fast erliege" (Mehlhorn: Die Frauen, S. 27). Noch zwei Jahre später bemerkte er in einem Brief an Johannes Doltz 1559: „Meine Frau trug […] die Sorge für die ganze Familie, sie zog die Kinder auf, versorgte die Kranken, linderte mit Worten meine Schmerzen und lehrte die Kleinen das Beten." (Reichelt: Melanchthon, S. 125)

KATHARINA ZELL

geborene Schütz (1497–1562)

„alte und langjährige Kirchenmutter"

Eine Stiftung der Evangelischen Frauen in Hessen und Nassau trägt heute ihren Namen, der für Mut, Wissbegier, Zuversicht, Ausdauer und Beharrlichkeit steht. Es ist der von Katharina Zell (1497–1562), die 1523 den ersten evangelischen Pfarrer am Münster der Stadt Straßburg – Matthäus Zell – geheiratet hatte. Sie gilt als „eine der originellsten und bedeutendsten Frauen ihrer Zeit" (Heinsius: Frauen, S. 9), die sechs Bücher bzw. Flugschriften veröffentlicht hat. Drei dieser Flugschriften erschienen kurz nach ihrer Eheschließung im Jahre 1524. Darin verteidigte die 27-Jährige

Wittenberg, „Reformationsgarten" Schillerstraße 32–42, Darstellung von Katharina Zell an der Hausfassade

den Bruch des Zölibats durch ihren Mann. In Johann-Friedrich Enkes kleiner Broschüre über „Das Evangelische Pfarrhausarchiv" sucht man die eigentliche Begründerin des Pfarrhauses Katharina Zell vergeblich, zu eng ist der Fokus auf Katharina von Bora als Luthers Frau. Doch heirateten beide erst 1525, zwei Jahre nach Katharina und Matthäus Zell.

Geboren wurde Katharina Zell um 1497 als Katharina Schütz in Straßburg als Tochter eines Schreinermeisters. „Ich bin, seit ich zehn Jahr alt, eine Kirchen-Mutter, eine Ziererin des Predigtstuhls und Schulen gewesen, habe alle Gelehrten geliebt, viel besucht, und mit ihnen mein Gespräch, nicht vom Tanz, Weltfreuden und Fassnacht, sondern vom Reich Gottes, gehabt" (Domröse: Frauen, S. 45), bekundete Katharina in einem ihrer zahlreichen Briefe. Anders als die Frauen ihrer Zeit mischte sich die junge Katharina Schütz von Beginn der Reformation an in Straßburg ein. Dies tat sie mit gewandter und teils spitzer Feder. Schon 1521 predigte der drei Jahre zuvor aus seiner Heimatstadt Freiburg im Breisgau verbannte Matthäus Zell als Leutpriester im Münster zu Straßburg im Sinne der Reformation. Als ihm das Domkapitel das Predigen von der Kanzel in der Mitte des Münsters verweigert hatte, fertigten die Schreiner aus der nahegelegenen Kurbengasse eine neue hölzerne Kanzel und ließen sie mit Zustimmung des Magistrats ins Münster tragen und mitten im Schiff aufstellen. Schon hier wurde Katharina auf ihn aufmerksam, denn Zells Zuhörerschaft wuchs, nicht nur dank seiner volkstümlichen Art zu predigen, stetig. Bis zu 3 000 Menschen hörten seine Predigten. Im Frühjahr 1523 zitierte ihn der Bischof von Straßburg erstmals in seine Residenz nach Zabern, um ihn mit den 24 Klagartikeln gegen ihn zu konfrontieren. Seine Rechtfertigung ist in gedruckter Form als „Christliche Verantwortung" erschienen. Am 3. Dezember 1523 heirateten Matthäus und Katharina Zell, er der am 21. September 1477 im elsässischen Kaysersberg als Sohn einer wohlhabenden

Winzerfamilie geborene Matthäus Zell – die wohl 27-jährige Katharina Schütz. Der Reformator und damalige Weltpriester Martin Bucer, seit 1523 mit seiner Frau Elisabeth in Straßburg, nahm die Trauung der beiden vor. Er, Zell und der vormalige Hofprediger und Rat des Mainzer Kurfürsten Wolfgang Fabricius Capito waren es auch, die die Reformation in Straßburg vorantrieben. Aufgrund der Zellschen Eheschließung „citirte ihn [Matthäus Zell, H. E.] der Bischof Wilhelm von Hohenstein mit sechs anderen Geistlichen, die sich ebenfalls inzwischen verheirathet hatten, vor sein Tribunal in Zabern. Sie erschienen nicht, erklärten aber, daß sie bereit wären, sich als Bürger vor ihre rechtmäßige Obrigkeit, den Magistrat, zu stellen. Nachdem sie am 3. April 1524 excommunicirt worden, verfaßte Z. in Aller Namen in lateinischer und deutscher Sprache eine ‚Appellation‘, in welcher sie sich auf ein zukünftiges freies Concilium beriefen." (Erichson: ADB, S. 17 f.) Auch Katharina reagierte, indem sie die angeblich zölibatäre Lebensweise von Priestern anprangerte und die Priesterehe verteidigte. Die Begründung entnahm sie der Bibel. Zur Hochzeit hatte Katharina von Martin Luther einen Glückwunschbrief erhalten. Durch die Lektüre von Luthers Schriften war Katharina Schütz zuvor „aus großer Seelenqual befreit worden" (Bainton: Frauen, S. 59). Trotz des nun gegen die Ehepriester ausgesprochenen Bannes, blieben dank des Straßburger Magistrats alle im Amt. Dem Straßburger Magistrat oblag nämlich seit 1524 das Kirchenregiment, das die Stadtoberen mit Weitblick und vorausschauend ausübten. Bis 1529 fanden im Straßburger Münster katholische und evangelische Gottesdienste oft neben- oder auch nacheinander statt. Zell wirkte „weiter in vorderster Reihe für die kirchliche Organisation, die Sittenverbesserung und Armenpflege, die Gründung von Schulen und die Errichtung des Studienstiftes von St. Wilhelm zur Heranbildung künftiger Diener der Kirche" (Erichson: ADB, S. 17 f.) Das Pfarrhaus in der Bruderhofgasse wird als geräumig beschrieben, so dass hier mit Billigung des Straßburger Rates die ersten Predigten stattfinden konnten. Zur eigenen Eheschließung bekannte Katharina rückblickend: „Unsere Eheberedung war nit von Widem [Besitzungen zu Gunsten einer Kirche, H. E.], Morgengab, Silber noch Gold, sondern von Feuer und Wasser und dem Bekanntnus [sic!] Christi willen. Wir gaben auch unser Leib, Ehr und Gut Gott und Christo seinem Sohn zu einem Opfer, darauf mein lieber Mann mit befahl armer und verjagter Leute Mutter zu sein, solange uns Gott beieinander ließe" (Heinsius: Frauen, S. 14). Tatsächlich fanden im Zellschen Pfarrhaus Verfolgte, Kranke und Bedürftige Unterstützung und Beistand. Dabei spotteten Zeitgenossen über den Reformator, dass statt ihm seine Frau das Regiment im Hause innehätte. Tatsächlich bekundete Katharina schon zu Beginn ihrer Ehe, dass sie und Matthäus Zell „nie kein Viertelstund uneins gewesen" (Domröse: Frauen,

Straßburg (Strasbourg), Münster, Wirkungsort von Matthäus Zell

S. 47) wären. Ohne Zweifel war sie eine starke Frau in einer patriarchalischen Zeit, die auch noch unverblümt ihre Meinung kundtat. Bereits im ersten Ehejahr erlebte das Pfarrhaus einen wahren Strom von Menschen, die von den Zells beherbergt wurden, darunter 80 Männer aus Kenzingen im Breisgau. Hier hatte der reformatorisch eingestellte Pfarrer Jakob Otter das Evangelium gepredigt und musste auf Befehl der vorderösterreichischen Regierung seinen Platz verlassen. In Straßburg fanden er und seine Anhänger Aufnahme und Verköstigung. Im Folgejahr 1525 kamen über 3 000 Flüchtlinge. Das Schicksal der Kenzinger, die erst im September 1524 zurückkehren konnten, veranlasste Katharina zu ihrem ersten Trost- bzw. Sendbrief, der als Flugschrift im Druck erschien und der„Den leidenden christglaubigen Weibern der Gemein zu Kenzingen" gewidmet war. (vgl. Heinsius: Frauen, S. 15). Als 1525 während des Bauernkrieges über 3 000 Menschen hinter den Mauern Straßburgs Schutz suchten, da waren es oft an die 100 Personen, die im Zellschen Pfarrhaus versorgt wurden. Die Menschen kamen damals im verlassenen Franziskanerkloster unter. Katharina Zell bemerkte hierzu sehr anschaulich: „Wie habe ich im 25. Jahr mir und viel frommen Leuten so groß Arbeit und Unruh gemacht, da nach dem Totschlag der armen Bauern [durch Herzog Anton von Lothringen bei Scherweiler, H. E.] so viel elender erschreckter Leut nach Straßburg kommen sind" (Heinsius: Frauen, S. 17). Die Menschenmassen bedeuteten für das 25 000 Seelen zählende Straßburg eine starke Herausforderung. Zwei Personen nahmen sich dieser Menschen federführend an: Lukas Hackfurt, Mitglied des Sozialausschusses des Magistrats – übrigens damals Wiedertäufer – und eben Katharina Zell. (vgl. Bainton: Frauen, S. 65) Auf dem Weg zum Marburger Religionsgespräch von 1529 machten Zwingli von Zürich kommend und Oekolampad aus Basel in Straßburg bei den Zells Station. „Ich bin 14 Tag Magd und Köchin gewesen" (Bainton: Frauen, S. 66), bemerkte Katharina hierzu. In Sachen Abendmahlsstreit – dem Thema in Marburg – mischte sich Katharina in einem an Luther gerichteten Brief ein und warf darin dem Reformator direkt vor, die Liebe untereinander nicht genügend beachtet zu haben. Luther bestätigt ihr dies, schränkte allerdings ein, „dass wohl die Liebe soll über alles gehen und den Vortritt haben, ausgenommen Gott, der über alles, auch über die Liebe, ist. Wo derselbe und sein Wort vorgeht, da soll ja bei uns die Liebe gewiss die Oberhand haben nächst Gott." (Domröse: Frauen, S. 50)

Neben Luther korrespondierte sie unter anderem mit Ambrosius Blarer, Martin Bucer, Heinrich Bullinger, dem radikalen Reformator Kaspar Schwenckfeld und Ulrich Zwingli, reiste mit und ohne ihren Ehemann etwa nach Konstanz, Zürich oder Nürnberg. 1538 besuchten Mätthäus und Katharina Zell Luther und Melanchthon in Wittenberg. „Die Reise hatte den Zweck, das freundliche Verhältnis, in das Martin Luther seit dem Abschluß der Wittenberger Konkordie zu den oberländischen Städten getreten war, weiter zu festigen." (Heinsius: Frauen, S. 23) Die beschwerliche weite Reise und die herzliche Aufnahme in Wittenberg erfüllten Katharina noch im Alter mit Dankbarkeit.

Bereits 1534 hatte sie ein ‚Lehr-, Gebet- und Dankbuch' herausgegeben, das Kirchenlieder aus dem Gesangbuch der Böhmischen Brüder von Michael Weisse enthielt. In ihrem Vorwort wünschte sie diesen Liedern, dass sie der Handwerksgeselle bei seiner Arbeit, die Dienstmagd bei ihrem Schüsselwaschen, der Acker- und Rebmann auf seinem Acker und die Mutter dem weinenden Kinde singen sollte. Sie hat sie zur Erbauung veröffentlicht und doch auch die Bedeutung des religiösen Gesangs erkannt und „mit der Heraugabe der Liedersammlung dafür gesorgt, dass reformatorisches Gedankengut auch durch Lieder verbreitet wurde." (Domröse: Frauen, S. 51)

Als ihr Mann im Januar 1548 starb, hielten Martin Bucer und sie die Grabrede. Dies sorgte für Unmut, zumal sie noch mit einer Schrift zum Gedenken an ihren Mann nachlegte. Auf die Frage, ob sie als Frau das denn dürfe, antwortete sie, sie wolle keine Predigerin sein mache es nur wie Maria Magdalena. Sie nannte sich selbst eine „alte und langjährige Kirchenmutter" (Heinsius: Frauen, S. 30) und blieb bis 1550 im Pfarrhaus wohnen. Dort gewährte sie 1549 den aus der Stadt ausgewiesenen Reformatoren Martin Bucer und Paul Fagius für mehrere Wochen Asyl. Auch nach ihrem Auszug blieb Katharina Zell engagiert, zuletzt wenige Monate vor ihrem eigenen Tod. Da hielt sie der Freundin Elisabeth Hecklerin die Totenrede, nachdem sich alle Pfarrer geweigert hatten, sie zu beerdigen. Schließlich hatte Elisabeth Hecklerin dem Freundeskreis des radikalen Reformators Kaspar Schwenckfeld angehört. Katharina Zell ließ sich, da sie selbst erkrankt war, kurzerhand auf den Friedhof tragen, um die Beerdigung vorzunehmen. Sie selbst starb am 5. September 1562 in Straßburg und wurde unter großer Anteilnahme und Beteiligung der Bevölkerung auf dem St. Urban-Friedhof zu Grabe getragen. Konrad Hubert, Bucers einstiger Sekretär, nahm die Aussegnung vor.

KATHARINA LUTHER
geborene von Bora (1499–1552)

„Herr Käthe"

„Ich wollte meine Käthe nicht um Frankreich und um Venedig dazu hergeben, erstens darum, weil Gott sie mir geschenkt und mich ihr gegeben hat; zweitens, weil ich oft erfahre, daß andere Frauen mehr Fehler haben als meine Käthe (obwohl sie auch einige hat, stehen [ihnen] doch viele große Tugenden entgegen); drittens, weil sie den Glauben des Ehestands, das ist Treue und Ehre, wahrt. So soll umgekehrt auch das Weib über den Mann denken." Diese Worte äußerte Luther im Sommer bzw. Herbst 1531 in seinen Tischreden. (Fausel: Luther, S. 93 Nr. 7) Und im Dezember ergänzte er: „Gott hat es gut mit mir gemeint, daß er mir ein solches Weib gab, das für das Hauswesen sorgt, so daß ich nicht gezwungen bin, das auch noch auf mich zu nehmen." (Fausel: Luther, S. 92 f. Nr. 6)

Am 13. Juni 1525 hatten der damals 42-jährige Martin Luther und die 26-jährige Katharina von Bora in Wittenberg geheiratet. Beinahe wäre wohl eine andere seine Frau geworden, wie er in einer Tischrede aus den 1530er Jahren äußerte: „Wenn ich vor 13 Jahren [1523 oder 1524] hätte freien wollen, so hätte ich Ave Schönfeldin genommen […] Meine Käthe hatte ich dazumal nicht lieb, denn ich hielt sie verdächtig, als wäre sie stolz und hoffärtig." (Joestel: Die Nonne, S. 16) Ave von Schönfeld († 1541) gehörte mit ihrer Schwester Margarethe zu den neun Nonnen, die 1523 aus dem Zisterzienserinnenkloster Marienthron (Nimbschen) bei Grimma zu Martin Luther nach Wittenberg geflohen waren. Ave galt als Schönheit, von der sich Luther angezogen fühlte; er fürchtete gleichzeitig, einer möglichen Ehefrau keine gesicherte Existenz bieten zu können. Eng mit dem Schicksal Aves, die 1524 den Mediziner Basilius Axt (1486–1558) heiratete, war das von Katharina von Bora verbunden.

Diese wurde am 29. Januar 1499 in Lippendorf bei Leipzig als Tochter Hans von Boras und der Katharina von Haubitz

Kopie nach Lucas Cranach d. Ä. (1475–1553): Katharina von Bora, Öl auf Holz, um 1530, Herzog August Bibliothek Wolfenbüttel

oder Haugwitz geboren. Nach dem frühen Tod der Mutter vor 1505 gab sie ihr Vater zur weiteren Erziehung ins Bene-

Nimbschen, Klosterruine Marienthron, Gesamtansicht

diktinerinnenkloster Brehna. Von dort gelangte sie nach Nimbschen, wo ihr Aufenthalt seit 1509/10 nachweisbar ist. Die Äbtissin von Nimbschen war offenbar Katharinas Tante Margarethe von Haubitz. In Brehna und Nimbschen lernte Katharina lesen, schreiben und singen, in Nimbschen schließlich auch die Grundzüge in Latein. 1515 legte sie ihr Gelübde als Nonne ab, denn sie war für den geistlichen Stand bestimmt.

Wittenberg, Marktplatz und Stadtkirche

In der Nacht vom Ostersamstag zum Ostersonntag, vom 6. zum 7. April 1523 gelang ihr mit elf anderen Nonnen, darunter Ave und ihre Schwester Margarethe, die Flucht aus dem Kloster Nimbschen, wobei Luther sowie drei Bürger aus Torgau und der Torgauer Pfarrer Gabriel Zwilling behilflich waren. Die eigentliche Flucht führte der Torgauer Ratsmann Leonhard Koppe mit seinem Planwagen durch, in dem er als Großhändler üblicherweise Waren an das Kloster Nimbschen – in der Fastenzeit Heringe und Stockfische – lieferte. Von den zwölf Frauen gingen drei sofort zu ihren Familien zurück, so dass am Ende nur von neun Frauen gesprochen wurde. Die Flucht war besonders für die Helfer gefährlich, denn Herzog Georg von Sachsen († 1539) hatte auf die Entführung von Nonnen die Todesstrafe gesetzt. Erst in Torgau waren die neun Nonnen sicher, da diese Stadt zum Territorium Kurfürst Friedrichs des Weisen gehörte. Für die mittellosen neun Nonnen ließ Luther in Wittenberg zunächst am kurfürstlichen Hof eine Kollekte organisieren. Zur ‚Entführung‘ der Ordensfrauen bekannte sich Luther sofort, indem er wenige Tage nach Ostern eine kleine Schrift mit dem Titel „Ursach und Antwort, daß Jungfrauen Klöster göttlich verlassen mögen" (vgl. Treu: Martin Luther in Wittenberg, S. 76) herausgab. Dabei nannte er auch die Namen der Nonnen. Die meisten heirateten später oder wurden bei ihren Verwandten aufgenommen. Katharina von Bora fand Arbeit im Haus von Philipp Reichenbach, ehe sie von Lucas Cranach dem Älteren und seiner Frau Barbara aufgenommen wurde. Die Cranachs führten mit ihren zwölf Malergesellen einen großen Haushalt. Als sie 1523 Hieronymus Baumgartner (1498–1565) begegnete, hinterließ er bei ihr einen bleibenden Eindruck. Im Oktober 1524 wandte sich Luther an Baumgartner mit dem Hinweis, er möge sich doch nun endlich entscheiden, sonst würde Katharina einen anderen heiraten. Baumgartner heiratete 1526 in Nürnberg Sybilla Dichtlin. Der erste Schritt hin zum Ehebund mit Luther ging offenbar von Katharina aus. Der wollte sie nämlich mit dem Wittenberger Stiftsherrn Kaspar Glatz verheiraten, der als geizig und zänkisch galt und sich offenbar in fortgeschrittenem Alter befand. Nikolaus von Amsdorf, mit dem Luther darüber sprach, wandte ein, Katharina würde Glatz aber nicht lieben. Luthers Antwort lautete daraufhin: „Welcher Teufel will sie denn haben. Mag sie den nicht, so mag sie noch eine Weile auf einen anderen warten." (Treu: Katharina von Bora, S. 23) Offenbar scheint es dann zu jener berühmten Unterredung gekommen zu sein, in der Katharina Amsdorf mitteilte, Glatz auf keinen Fall heiraten zu wollen, wenn schon, dann Amsdorf oder Luther (Treu: Katharina von Bora, S. 23). Am Abend des 13. Juni 1525 lud Luther die engsten Wittenberger Freunde in das Schwarze Kloster ein, wo Johannes Bugenhagen die Trauung hielt. 14 Tage später lud Luther Freunde und Verwandte zur sogenannten Wirtschaft, dem Kirchgang mit anschließendem Festmahl, ein. Die Hochzeit kam völlig überraschend. Offenbar wollte Luther sich dadurch mit seinem Vater Hans versöhnen, der dem Sohn den Eintritt ins Erfurter Augustinerkloster nie verziehen hatte. Jetzt, auf dem Höhepunkt des Bauernkrieges befürchtete Luther allerdings nicht mehr lange zu leben: „Kann ich's schicken, ihm (dem Teufel) zum Trotz, will ich meine Käthe noch zur Ehe nehmen, ehe denn ich sterbe" (Joestel: Die Nonne, S. 17), schrieb er am 4. oder 5. Mai 1525 an den Mansfeldischen Rat Johann Rübel. Luthers Hochzeit mit Katharina wurde von Freunden und Feinden kritisiert. Es regte sich Widerstand, der aber der Ehe Luthers nicht ernsthaft schaden konnte. Luther bemerkte dazu in seinen Tischreden: „Wenn ich nicht heimlich geheiratet hätte, so hätte man es verhindert. Denn alle meine nächsten Freunde schrien: Nicht diese, sondern eine andere!" (Joestel: Die Nonne, S. 18) Zu denen, die sich äußerten, gehörte Philipp Melanchthon, der nicht eingeladen war und an seinen Freund Camerarius schrieb: „Unerwarteterweise hat Luther die Bora geheiratet, ohne auch nur einen seiner Freunde vorher über seine Absicht zu unterrichten. Er ließ am Abend allein den Pomeranus [Stadtpfarrer] Johannes Bugenhagen, den Maler Lucas Cranach und den Dr. Apel zu Tische laden und vollzog die gewöhnlichen Gebräuche. [...]" (Joestel: Die Nonne, S. 17). „Hämischer und süffisanter äußerte sich der ‚König der Humanisten', Erasmus von Rotterdam, über die Hochzeit und kolportierte dabei genüßlich Gerüchte über die voreheliche Schwängerung Katharinas", um sie am 18. März 1526 schließlich zu dementieren. (Joestel: Die Nonne, S. 18) Joachim von der Heyde, ein Altgläubiger aus Leipzig, beschimpfte Katharina in einem an sie 1528 adressierten Sendbrief gar als Hure, „die mit dem Reformator schon vor der Hochzeit Unzucht getrieben und wegen ihres verwerflichen Handelns die Hölle zu erwarten habe". (Joestel: Die Nonne, S. 20) Aus der Ehe gingen sechs Kinder hervor, drei Söhne und drei Töchter: Johannes (1526), Elisabeth (1527), Magdalena (1529), Martin (1531), Paul (1533) und Margarethe (1534). Vier der Kinder erreichten das Erwachsenenalter; Elisabeth starb vor dem ersten Lebensjahr und Magdalena mit zwölf Jahren – ein schwerer Schicksalsschlag für die Eltern.

Katharina wirkte als Pfarrfrau im Schwarzen Kloster. Neben der Versorgung und Erziehung der Kinder verwaltete und bewirtschaftete sie die umfangreichen Ländereien, betrieb Viehzucht und eine Brauerei. Nach 1530 eröffnete Katharina im Schwarzen Kloster eine Studentenburse, eine Unterkunft für Studenten, deren Einnahmen ebenso hoch waren wie Luthers Gehalt. 1535 schrieb Luther an Justus Jonas: „Es grüßt Dich mein Herr Käthe, die fährt, die Äcker bestellt, Vieh füttert und kauft, Bier braut" (Heling: Zu Haus bei Martin Luther, S. 25). 1542 hatte die Familie den größten Vieh- und Grundbesitz in Wittenberg. Das Organisationstalent dafür lag in

Wittenberg, Lutherhaus (Schwarzes Kloster), Hoffassade

Katharinas Händen. Zwar wurden die jeweiligen Kaufverträge von Luther unterzeichnet, doch steckte stets sie dahinter. Einmal äußerte sich Luther dazu so: „ ‚Dass aber meine Frau einen Garten gekauft hat, das hat sie für sich getan – nicht für mich, ja gegen mich'. Als man ihn aber fragte: ‚Warum hast Du es ihr nicht verboten?', antwortete er: ‚ich konnte ihren Tränen und Bitten nicht widerstehen.'" (Heling: Zu Haus bei Martin

Wittenberg, Denkmal der Katharina von Bora von Nina Koch im Hof des Lutherhauses, 1999

Luther, S. 33). Zum Tod ihres Mannes am 18. Februar 1546 sind eigene Zeilen Katharinas erhalten, die einen kleinen Einblick in ihr Gefühls- und Seelenleben gewähren. An ihre Schwägerin Christine schrieb sie am 25. April 1546: „Denn wer sollte nicht billig betrübt und bekümmert sein wegen eines solchen teuren Mannes, wie es mein lieber Herr gewesen ist, der nicht allein einer Stadt oder nur einem Land, sondern der ganzen Welt viel gedient hat. Deswegen bin ich wahrhaftig so sehr betrübt, daß ich mein großes Herzeleid keinem Menschen sagen kann [...] Ich kann weder essen noch trinken. Auch dazu nicht schlafen. Und wenn ich ein Fürstentum oder Kaisertum gehabt hätte, hätte es mir darum nicht so sehr leid getan, falls ich es verloren hätte, als daß nun unser lieber Herr Gott mir und nicht alleine mir, sondern der ganzen Welt diesen lieben und teuren Mann genommen hat. Wenn ich daran denke, so kann ich vor Leid und Weinen (was Gott wohl weiß) weder reden noch schreiben lassen" (Treu; Katharina von Bora, S. 70).

Die Todesnachricht, die Bugenhagen, Cruciger und Philipp Melanchthon am Morgen des 19. Februar überbrachten, traf sie hart. Bugenhagen hielt die Trauerpredigt auf Deutsch und Melanchthon eine ehrende Gedenkrede in Latein. Dabei erwähnten beide die Witwe mit keinem Wort. Das Testament führte trotz anderslautender Verfügungen Martin Luthers zu Schwierigkeiten in der Umsetzung. Eine weibliche Alleinerbin Katharina Luther sah der Sachsenspiegel als gültiger Rechtscodex nicht vor. Erst ein Machtwort des Kurfürsten schuf Abhilfe – allerdings nicht bei der Auswahl der Vormünder, die zudem für Mutter und Kinder getrennt bestellt wurden. Einen noch stärkeren Einschnitt brachte schließlich der Schmalkaldische Krieg, vor dem die Familie zeitweilig aus Wittenberg fliehen musste, zunächst 1546 über Dessau nach Magdeburg und 1547 über Helmstedt nach Braunschweig. Im Juli 1547 fand Katharina die Wittenberger Gebäude und Ländereien verwüstet vor, so dass sie in wirtschaftliche Not geriet. Vor Pest und Missernten floh sie 1552 nach Torgau. Noch vor den Stadttoren erlitt sie einen Unfall mit ihrem Wagen, in dessen Folge sie einen Bruch ihres Beckenknochens erlitt. An dessen Folgen starb sie am 20. Dezember 1552 in Torgau. Tags drauf wurde Katharina in der Stadtkirche zur letzten Ruhe gebettet. Ihr Grabstein ist bis heute erhalten und trägt die Inschrift: „Anno 1552, den 20. December ist in Gott selig entschlaffen allhier zu Torgau Herrn D. Martini Luthers seligen Hinterlassene wittbe Katharina".

Torgau, Marienkirche, Grabstein der Katharina Luther, † 1552

ELISABETH CRUCIGER

geborene von Meseritz (1504–1535)

„Eyn Lobsanck von Christo"

Elisabeth Cruciger gilt als erste Dichterin des Protestantismus. Von ihr stammt das erste, 1524 entstandene Jesuslied der evangelischen Kirche: „Herr Christ, der einig Gotts Sohn, Vaters in Ewigkeit, aus seinem Herzen entsprossen, gleichwie geschrieben steht, er ist der Morgensterne, sein Glanz streckt er so ferne, vor andern Sternen klar." (Evangelisches Gesangbuch, Lied 67) Der Text dieses in Erfurt unter dem Titel „Eyn Lobsanck von Christo" im ‚Enchiridion oder Handbüchlein', dem zweitältesten evangelischen Gesangbuch, veröffentlichten Epiphaniasliedes ist zugleich ein evangelisches Glaubensbekenntnis.

Entstanden ist es in Wittenberg, wohin es die junge Adelige Elisabeth von Meseritz 1522 gezogen hatte. Geboren wurde Elisabeth 1504 in Meseritz bei Schivelbein in Hinterpommern. Sie entstammte dem Adelsgeschlecht der Edlen von Meseritz. Unklar ist bis heute, ob sie einer märkisch-pommerschen oder ehedem polnischen Adelsfamilie entstammte. Noch im Kindesalter gelangte sie ins Prämonstratenserinnenkloster Marienbusch von Treptow an der Rega, das mit dem nordwestlich von Treptow gelegenen Prämonstratenserkloster von Belbuck seit 1180/1208 einen wichtigen Vorposten der Kirche in Hinterpommern darstellte. Seit 1504 lehrte Johannes Bugenhagen an der Stadtschule von Treptow, ehe er zu deren Rektor berufen wurde. Bugenhagen unterrichtete Latein und legte aus eigenem Antrieb die Bibel aus, obgleich er nicht einmal Theologie studiert hatte. Sein Ruf zog Schüler aus nah und fern an, darunter auch die Mönche des nahen Klosters Belbuck. 1509 wurde Bugenhagen zum Priester geweiht und als Vikar an die Treptower Marienkirche berufen. Als Autodidakt vertiefte er sich mehr und mehr in die Theologie, korrespondierte mit dem niederländischen Humanisten Johann(es) Murmel(lius) (um 1480–1517) und gelangte durch ihn in Kenntnis der Schriften des Erasmus von Rotterdam.

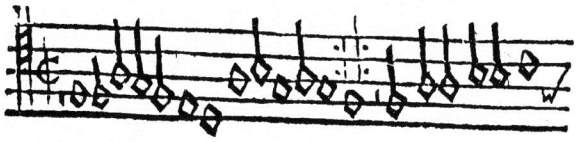

1517 erhielt er vom Kloster Belbuck die Stelle eines Lektors angeboten und unterrichtete im Auftrag des Abtes Johannes Boldewan bzw. Bolduan die dortigen Prämonstratensermön-

Wittenberg, Bugenhagenhaus am Kirchplatz

che. Bolduan schuf damit eine nie zuvor vorhandene theologische Lehranstalt, die offenbar auch das Interesse der nahen Prämonstratenserinnen – unter ihnen Elisabeth von Meseritz – weckte. Bald scharte sich um Bugenhagen ein reformatorischer Kreis. Bugenhagen strebte in seiner Arbeit „ad fontes", also ‚zurück zu den Quellen'. So sollten seiner Auffassung nach antike Texte und die Bibel in ihrer Urfassung gelesen werden, unverstellt und uninterpretiert, geleitet von den eigenen Erkenntnissen. Als er 1520 Martin Luthers Schrift „Von der babylonischen Gefangenschaft der Kirche" kennenlernte und darin erstmals das reformatorische Programm Luthers in Gänze wahrnahm, brach er 1521, 36-jährig, nach Wittenberg auf, um in der unmittelbaren Nähe Luthers Theologie zu studieren. 1522 brach auch Elisabeth von Meseritz nach Wittenberg

Lucas Cranach d. A. (1475–1553): Johannes Bugenhagen, Öl auf Holz, 1537

auf, da sie von der Dynamik der reformatorischen Bewegung offenbar ebenso ergriffen war. Doch die genauen Gründe, warum Elisabeth das Kloster verließ, sind unbekannt. Auch von Flucht aus dem Kloster ist die Rede. In Wittenberg fand sie Aufnahme im Hause Johann Bugenhagens, der zu diesem Zeitpunkt als Stadtpfarrer wirkte.

Dort lernte sie den Kreis um Martin Luther kennen, darunter auch den Schüler und Mitarbeiter Luthers Caspar Cruciger, der seit 1521 bei Luther und Melanchthon studierte und den sie am 14. Juni 1524 in Wittenberg heiratete. Aus der Ehe der beiden gingen zwei Kinder hervor: Caspar Cruciger d. J. (1525–1597), der als Theologe 1560 zum Nachfolger Philipp Melanchthons an der Universität wurde und Tochter Elisabeth, die als Witwe des Rektors Kegel in Eisleben Martin Luthers Sohn Hans (1526–1575) heiratete.

Der am 1. Januar 1504 in Leipzig geborene Cruciger „trieb […] seit 1521 in Wittenberg Theologie, Mathematik und Naturwissenschaften. Bereits 1524 auf Vorschlag des befreundeten und geistesverwandten Melanchthon mit der Lektion Quintilians betraut, wurde er 1525 zum Rektor der Johannisschule in Magdeburg berufen." (Kähler, Ernst: „Cruciger, Caspar der Ältere, lutherischer", in: Neue Deutsche Biographie 3 (1957), S. 427 f.) 1528 berief man Caspar Cruciger als Professor für Theologie nach Wittenberg. Damit verbunden war die Stelle als Prediger an der Schlosskirche. Cruciger arbeitete eng mit Martin Luther zusammen, half ihm bei dessen Bibelübersetzung und Druckvorbereitung. Der Ruhm, den er als Protokollant etwa von Luthers Predigten erwarb, manifestierte sich in zeitgenössischen Äußerungen wie jener: „Die Lutheraner haben einen Schreiber, gelehrter als alle Päpstlichen!" (Domröse: Frauen, S. 68).

Elisabeth Cruciger war zu diesem Zeitpunkt bereits eng mit Katherina Luther befreundet, die 1525 geheiratet hatte. Beide Frauen verband bereits ihre Herkunft als Ordensfrau. Doch Elisabeth Cruciger stand selbst mit Martin Luther in religiösem Dialog, denn sie galt, von Bugenhagen als ‚kluge Frau' bezeichnet, als „wortgewandte und theologisch versierte Autorin" (Koldau: Frauen, S. 423). Daher verwundert es nicht, dass Martin Luther das eingangs zitierte Kirchenlied 1524 in sein ‚Wittenberger Chorgesangbüchlein' aufnahm. „Nur durch ihre Zugehörigkeit zum engsten Kreis um Luther wurde sie von ihren Zeitgenossen als Verfasserin eines Kirchenliedes anerkannt. Anderen dichterisch begabten und theologisch geschulten Frauen blieb das Privileg, als Lieddichterin zu einem Gemeindegesangbuch beitragen zu dürfen, noch viele Jahrzehnte verwehrt." (Koldau: Frauen, S. 423)

Wort und Musik prägen und kennzeichnen die evangelische Frömmigkeit von Beginn an. Elisabeth Cruciger verfügte über ein sehr feines Gespür für Sprache, schon bevor sie die Zeilen des Epiphaniasliedes verfasste. Ein einziger Brief aus dem Jahr

1519 – also noch aus ihrer Zeit in Pommern – kündet davon. Genauer gesagt handelt es sich um ein Antwortschreiben des getauften Juden Joachim von Stettin vom 19. Januar 1519 an Elisabeth, die darin mehrfach zitiert wird. Darin heißt es: „Lieber Bruder, dir sei Gnade und Friede. Ich verstehe ganz wihl, lieber Bruder, dass wir zusammengesetzt sind von einer gebrechlichen Materie und stets leben außerhalb in einem Widerwillen Gottes ind nicht mächtig sind [...], solche Gnade Gottes von uns empfangen zu erhalten bis ans Ende und zur Wiederkunft Christi [...]" (Domröse: Frauen, S. 62). Der Brief belegt auch im weiteren Verlauf die ungeheure sprachliche Gewandtheit Elisabeths. „Bemerkenswert ist auch ihr Selbstbewusstsein, mit dem sie schreiben kann, ich habe Gott ermahnet durch sanftmütiges Bitten [...] und gebe durch seine Kraft Gnade und Friede.' Nicht nur ein tiefes seelsorgerliches Verstehen spricht also aus diesen Zeilen [...]" (Domröse: Frauen, S. 63).

Eine enge Freundschaft verband schließlich beide Familien, die Luthers und die Crucigers. Man beschenkte sich und ging vertraut miteinander um. So schrieb Martin Luther 1532 etwa an Caspar Cruciger folgende Zeilen: „[...] Gestern brachte deine Elisabeth ein goldenes Geschenk meiner Herrin für [d. h. als] ein Gastgeschenk vom Markt, mein Caspar, das sehr erwünscht und ein Zeichen der Dankbarkeit war. Ich schicke wiederum deiner Herrin dieses Marktgeschenk, das zwar dem deinigen unähnlich ist, aber nicht unähnlich in der Absicht und im Eifer, welches du nicht verachten mögest [...] es könnte vom Hals herabhängen [...] Leb wohl mit all den Deinen! Am Samstag des Heiligen Apostels Thomas 1532" (Domröse: Frauen, S. 69).

Sonst ist nicht viel zum Leben von Elisabeth Cruciger bekannt. Zu den Hoffnungen und Wünschen von ihr gehörte aber ein Traum und zwar der, dass sie auf der Kanzel in der Schlosskirche in Wittenberg gepredigt habe. Ihr Mann bezog

Caspar Cruciger d. Ä., Kupferstich, 1669

dies auf ihre Lieder und erwiderte lachend, dass der liebe Gott sie für würdig erachten wolle, dass ihre Gesänge in der Kirche gesungen werden sollen. Erst 1959 sollte mit Waltraud Hübner dieser Gedanke seine Verwirklichung finden. Elisabeth Cruciger nahm ihren Traum jedoch mit ins Grab. Sie starb am 2. Mai 1535 in Wittenberg.

Wibrandis Rosenblatt

Frau der Reformatoren Oekolampad, Capito und Bucer

(1504–1564)

„Meine Frau ist [...] weder streitsüchtig
noch geschwätzig"

M eine Frau ist, was ich mir immer wünschte. Sie ist weder streitsüchtig noch geschwätzig und „ treibt sich nicht herum, sondern kümmert sich um den Haushalt" (Bossart: Wibrandis Rosenblatt, S. 326), bemerkte der Reformator Johannes Oekolampad ein Jahr nach seiner Hochzeit mit Wibrandis Rosenblatt in einem Brief an Wolfgang Capito. Wibrandis schien demnach genau die Ehe-

Carl August Schwerdgeburth (1785-1878): Wibrandis Rosen-
blatt, Kupferstich, 19. Jh.

frau zu sein, die sich die damaligen Reformatoren wünschten: arbeitsam, bescheiden, gehorsam und bibelkundig. Das „Historische Lexikon der Schweiz" vermerkt dazu wie passend, dass Wibrandis „Als Ehefrau und Mutter von elf Kindern […] das ref. Eheideal der ‚Gefährtin' und ‚Gehilfin' in die Praxis um[setzte] und […] so zum Vorbild für die neu entstehende Rolle der ref. Pfarrfrau [wurde]" (http://www.hls-dhs-dss.ch/textes/d/D10805.php). Bedauerlicherweise gibt es von ihrer Hand nur noch ganz wenige Dokumente, die das Gegenteil belegen und das festgefügte Bild vielgestaltiger erscheinen lassen könnten. Deshalb vermerkte auch Bainton, dass Wibrandis' Beitrag zur Reformation „wie der Katharina von Boras eher im häuslich-familiären Bereich" lag. (Bainton: Frauen, S. 84) Den deutlich aktiveren Part schreibt ihr indes Sonja Domröse zu, indem sie Wibrandis Rosenblatt als Frau charakterisiert, die „als eine der ersten Frauen durch ihr Leben aktiv an der Gestaltung großer Veränderungen beteiligt" (Domröse: Frauen, S. 87) gewesen sei.

Geboren wurde sie 1504 in Säckingen als Tochter des späteren Schultheißen von Säckingen und kaiserlichen Feldhauptmannes Hans Rosenblatt und der aus Basel stammenden Magdalena Strub, die aus einer Gerberfamilie stammte. Über ihre Kindheit ist nichts bekannt. Ihre Mutter zog später wieder nach Basel, wo sie mehrere Verwandte im Stadtrat hatte.

1524 heiratete die zwanzigjährige Wibrandis den Basler Magister Ludwig Keller, der sich ganz in humanistischer Tradition auch Ludwig Cellarius nannte. Cellarius starb bereits 1526 und ließ seine Frau mit einer kleinen Tochter zurück, die wie die Mutter den Namen Wibrandis trug.

Seit November 1522 war Johannes Oekolampad – Johannes Hausschein aus Weinsberg im Kraichgau – in Basel ansässig, wo er seit 1523 als Theologieprofessor an der Basler Universität sowie seit 1525 als Leutpriester an St. Marien wirkte. Nach einer Schulausbildung in Heilbronn, dem Studium in Heidelberg und der Priesterweihe hatte Oekolampad 1510 eine Prädikatur in Weinsberg übernommen. „1513 kehrte er nach Heidelberg zurück und schloß Freundschaft mit Wolfgang Capito, dem er 1515 nach Basel folgte. Hier erlangte er den Grad eines Baccalaureus sententiarius, arbeitete als Spezialist für Hebräisch in der Officin des Buchdruckers Johann Froben und half Erasmus als wissenschaftlicher Mitarbeiter bei der Herausgabe des griech. Neuen Testaments. Nach kurzem Aufenthalt in seiner Heimatstadt wurde O. 1516 in Basel zum Lizentiaten der Theologie promoviert." (Kuhn: NDB, S. 435 f.)

Noch vor seiner Eheschließung erwähnte er in einem Brief an Capito eine „Witwe ehrenwerten Ansehens, die ihm in Christo herzlich zugetan sei" (Heinsius: Frauen, S. 71). Möglicherweise hat es sich bereits um die junge Witwe Wibrandis Rosenblatt gehandelt.

Mit nach Basel gezogen waren Oekolampads Eltern, wobei die Mutter Anna Pfister im Februar 1528 verstarb. Sie übrigens war Baslerin. Seinen Vater musste Oekolampad von da an pflegen und schrieb im gleichen Monat an Zwingli, dass damit nun die Haussorgen umso schwerer auf ihm lasteten. In diese Zeit fiel auch die Hochzeit mit Wibrandis. Die war allerdings 22 Jahre jünger und brachte ihre Mutter samt der kleinen Tochter mit in die Ehe. Die Heirat eines Priesters galt als reformatorischer Akt und als Bekenntnis zum „neuen" Glauben. In Basel äußerten sich Erasmus von Rotterdam und Bonifatius Amerbach spöttisch zur Ehe Oekolampads mit Wibrandis Rosenblatt: „Unlängst hat Oekolampad eine Ehefrau heimgeführt. […] Ein Mann in schon vorgerücktem Alter, mit zitterndem Haupt, mager und erschöpft am ganzen Körper wie ein lebender Leichnam – soll man das nicht töricht nennen!? Er hat eine Frau von mehr oder weniger 20 Jahren geheiratet, eine elegante und blühende Frau." (Bainton: Frauen, S. 88) Erasmus bemerkte, Oekolampad habe als Buße für die Fastenzeit eine attraktive junge Frau geheiratet. Doch in den Augen Oekolampads zählte eher, dass Wibrandis eine gute Christin war, die aus einer respektablen, wenn auch nicht sehr vermögenden Familie stammte. Und Wibrandis galt als begeisterte Anhängerin der neuen Lehre. Die Hochzeit feierten beide am 15. März 1528 in Basel. Heiligabend 1528 wurde bereits das erste Kind dieser Ehe – der Sohn Eusebius – geboren. Er erhielt seinen Namen nach dem Kirchenlehrer Eusebius von Caesarea. Der Sohn sollte nur 13 Jahre alt werden. „Eusebius ist im Ganzen ein stilles Kind, wenn er auch nicht gerade wegen Hunger und Durst oder Dreck ungeduldig wird, das ist bei ihm ein Anzeichen guter Gesundheit, für das wir dankbar sind. Er hat oft Schnupfen und Husten" (Bainton: Frauen, S. 89), berichtete Oekolampad über seinen kleinen

Hans Asper (1499–1571): Johannes Oekolampad (1482–1531), 16. Jh.

Sohn, dem noch zwei Töchter – Aletheia (griech. Wahrheit) und Irene (griech. Frieden) folgten, die wie der Vater bei seinem Nachnamen griechische Vornamen trugen. Zu diesem Zeitpunkt häuslicher Ruhe gärte es in Basel, das neben Straßburg und Zürich eines der Zentren der Reformation am Oberrhein war. Immer wieder wurde das Haus Oekolampads und seiner Frau zum Treffpunkt der Reformatoren, etwa von Capito, Bucer oder Zwingli, der bei den Oekolampads wohnte, ehe er und Zwingli zum Religionsgespräch nach Marburg reisten. Daneben korrespondierte Wibrandis mit den Frauen der Reformatoren, darunter Elisabeth Bucer, Agnes Capito oder Anna Zwingli. Darüber hinaus betreute sie Glaubensflüchtlinge, Arme und Kranke. Die Oekolampads erstanden in Basel eine Reihe von Immobilien, wobei Wibrandis immer wieder als Miteigentümerin in Erscheinung trat. Am 23. November 1531 wurde sie zum zweiten Mal Witwe, als ihr Mann an den Folgen einer eitrigen Entzündung gestorben war. Sie blieb mit vier Kindern zurück.

Fast zeitgleich war auch Agnes Röttel, die Ehefrau Wolfgang Capitos gestorben. Freunde rieten ihm in der Folge zur Wiederheirat. Capito galt als unpraktisch veranlagt, litt an Depressionen und Wibrandis galt als ganzes Gegenteil: nervenstark und tatkräftig. In einem Brief an Ambrosius Blarer bekannte Martin Bucer: „Für Capito habe ich Oekolampads Witwe bestimmt, obwohl er zu einer Augsburgerin hinneigt, die mit dem in Stuttgart hingerichteten König der Wiedertäufer verheiratet war. Mag sie auch unschuldig und als eine passende Frau erscheinen, so mahne ich von ihr ab; […] die andere Ehe wäre sehr schicklich und pietätvoll, wenn er der Witwe und der Waisen eines solchen Verkünders Christi sich annähme" (Bainton: Frauen, S. 90 f.). Am 11. April 1532 heirateten beide und Wibrandis zog mit den Kindern und ihrer Mutter nach Straßburg. Er war 54 – sie 28. Capito war durch Bürgschaften in finanzielle Nöte geraten, so dass Wibrandis sehr sparsam wirtschaften musste, um die Familie sowie Glaubensflüchtlinge, Arme und Kranke zu verköstigen. Der neun Jahre währenden Ehe entstammten fünf gemeinsame Kinder (Agnes, Dorothea, Johann Simon, Wolfgang Christoph und Irene, die den Namen ihrer verstorbenen Halbschwester erhielt). Irene wurde im Schicksalsjahr 1541 geboren, in dem auch Wibrandis, die Tochter aus der ersten Ehe, den Straßburger Patrizier Hans Jeliger heiratete. Im gleichen Jahr aber starben Ehemann Wolfgang Capito

Wolfgang Capito (1478–1541), Kupferstich, 16. Jh.

René Boyvin (1525–1598): Martin Bucer (1491–1551), Holzstich, 16. Jh.

MIHI PATRIA   COELVM ·

und drei Kinder an den Folgen der grassierenden Pest. Wibrandis wurde erneut Witwe. Der Pestepidemie fiel auch Martin Bucers Ehefrau zum Opfer. Ehe sie starb, erhielt sie durch Katharina Zell noch Kenntnis von Capitos Tod und bat daraufhin ihren Mann, Wibrandis zu heiraten. Die Eheschließung fand im April 1542 statt, nicht zuletzt, um die Kinder beider Familien versorgt zu wissen. Wibrandis brachte vier Kinder mit in die Ehe, Bucer einen behinderten Sohn. Aus der Ehe mit Martin Bucer gingen nochmals zwei Kinder hervor.

Zu den eigenen und angeheirateten Kindern nahm Wibrandis noch eine Tochter ihres verstorbenen Bruders zu sich auf. Zeitweilig wohnten neben der Mutter von Wibrandis auch Bucers Vater und dessen zweite Frau mit im Pfarrhaus. Bucer sagte über seine Frau, dass sie in jeder Hinsicht perfekt sei, nur dass sie ihn nicht so oft zurechtweise, wie Elisabeth das getan habe. Der italienische Theologe und Glaubensflüchtling Vermigli – selbst Gast bei den Bucers – schilderte die Lebensverhältnisse sehr anschaulich: „Sein Haus gleicht einer Herberge, so sehr ist es gegen alle Fremden […] gastfreundlich. Seiner Familie steht er so trefflich vor, daß ich während der ganzen Zeit, die ich bei ihm zubrachte, nie eine Störung bemerkte, sondern immer nur Stoff zur Erbauung. Sein Tisch ist weder glänzend, noch gemein, es herrscht die einem Frommen geziemende Mäßigkeit; […] Vor und nach der Mahlzeit wird eine Stelle aus der heiligen Schrift gelesen; dies gibt dann zu frommen und heiligen Gesprächen Anlaß; ich darf wohl sagen, dass ich stets unterrichteter von diesem Tisch weggegangen bin; […]" (Bainton: Frauen, S. 93 bzw. Domröse: Frauen, S. 95) Einen Einschnitt brachte das Jahr 1548 mit dem so genannten Augsburger Interim, einem Religionsgesetz, das den Evangelischen katholische Lehre und Brauchtum vorschrieb, während Abendmahl und Priesterehe unangetastet blieben. Dennoch gingen viele Evangelische in den Untergrund – auch Martin Bucer und seine Familie. Er verließ 1549 zunächst ohne Frau und Kinder die Stadt und ging nach England, um dort an der Kirchenordnung und an der Liturgie der anglikanischen Kirche mitzuarbeiten. Bald folgten ihm seine Frau und ihre Familie samt dem ganzen Hausrat. 1551 erkrankte Bucer und starb im Februar. Er wurde in Cambridge beerdigt.

Mit Unterstützung des Erzbischofs von Canterbury kehrte Wibrandis zusammen mit ihrer Mutter und den Kindern nach Straßburg, dann 1553 nach Basel zurück. Hier erlag sie 1564 der Pest. Im Kreuzgang des Münsters ist sie neben ihrem zweiten Ehemann Johannes Oekolampad beigesetzt. Die 1624 erschienene „Kurtze Baßler Chronick" erinnerte daran und erwähnte sie neben Pfarrern, Juristen und Ärzten als Opfer der Pest: „Fraw Wiprand Rosenblat / Herren Joh. Oecolampadii, Wolfgangi Capitonis vnd Martini Buceri seligen / Witwe".

Blick auf das Basler Münster. In dessen Kreuzgang befindet sich die Grabstätte von Wibrandis Rosenblatt.

Idelette Calvin, zeitgenössisches Porträt

IDELETTE CALVIN

geborene de Bure (1507–1549)

„Genommen ist mir die beste Lebensgefährtin"

enommen ist mir die beste Lebensgefährtin. Wäre mir etwas Schlimmes widerfahren, sie hätte „ nicht nur willig Verbannung und Armut mit mir geteilt, sondern auch den Tod. Solange sie lebte, war sie mir eine treue Helferin in meinem Amt. Von ihr ist mir nie auch nur das geringste Hindernis in den Weg gelegt worden." (Calvin: Briefe II, S. 465)

Als Idelette de Bure 1964 die belgische Post eine Briefmarke gewidmet hatte, kam dies nicht von ungefähr. Sie war die Tochter von Lambert de Büre dem Älteren, Kaufmann im flämischen Lüttich (Liège) sowie dessen Frau Isabelle Jamaer, Tochter Antoine Jamaers und dessen Frau Ydelecte. Bereits um 1520 hatte die Familie de Bure die Lutherschen Lehren angenommen, musste jedoch durch ausgeübten Druck der reformatorischen Lehre wieder abschwören. Idelettes Bruder Lambert de Bure der Jüngere gehörte indessen zu einer Gruppe, die aufgrund ihrer Ansteckung durch die ‚lutherische Ketzerei' 1533 aus Lüttich vertrieben wurde. Er verlor damit seine sämtlichen Besitzstände und floh nach Straßburg.

Dort lebte mittlerweile auch die Schwester Idelette, über deren Kindheit und Jugend nichts bekannt ist. Sie hatte noch in Lüttich ihren ersten Mann Jean Stordeur geheiratet. Ob es eine rechtskräftige Ehe war, muss offenbleiben, denn es gibt keine klaren Angaben darüber. Calvin äußerte sich später darüber, es habe sich zwischen Idelette und Jean Stordeur eher um einen „fout" – eine so genannte Liebesunion – gehandelt, nicht um eine eheliche Verbindung. Sollte es eine solche gewesen sein, wäre allenfalls eine Trauung in einer römisch-katholischen Kirche in Lüttich möglich gewesen. Denn beide Partner gehörten den Täufern an und hatten daher ebenso 1533 die Stadt Lüttich verlassen müssen. Jean Stordeur stand

vermutlich als ‚Jean der Drechsler' auf der gleichen Liste der Verbannten wie Idelettes Bruder Lambert der Jüngere. Aus der Beziehung mit Stordeur gingen zwei Kinder hervor: ein Sohn und eine Tochter.

Idelette und ihr Mann gingen jedoch nicht direkt nach Straßburg. Die Angaben zum Ziel der Reise sind widersprüchlich, nennen einerseits Basel (Biographie nationale de Belgique Bd. 3, Sp. 167 f.), andererseits Genf (Nathanael Weiss: Un portrait de la femme de Calvin. In: Bulletin de la Société du Protestantisme francais 56 (1907), S. 226). In Genf scheint es auch zur ersten Begegnung mit Calvin gekommen zu sein. Während für Basel jeglicher Beleg fehlt, ist der Hinweis auf Genf stichhaltig. Von hier aus wurden die Familienangehörigen per Dekret vom 19. März 1538 als Mitglieder der Wiedertäufer (Anabaptisten) verbannt. So erwähnt das Register des Genfer Rates, dass Johannes Bomecomenus, der Drucker, und Jean Tordeur [sic!], ein Drechsler aus Lüttich, beides Männer, die die Auffassung vertraten, Kinder sollten nicht getauft werden, verhört wurden und am Ende der Beschluss erging, sie mit-

Idelette Calvin, Briefmarke der belgischen Post, 1964

samt den anderen dieser Sekte aus der Stadt zu verbannen. Der Weg von Stordeur und seiner Familie scheint im Anschluss direkt nach Straßburg geführt zu haben, wo Stordeur eine führende Stellung unter den Wiedertäufern einnahm. Beide lebten im Hause von Idelettes Bruder Lambert. In Straßburg kam es auch zu einer Wiederbegegnung mit Johannes Calvin, der hier zum Pfarrer der französischsprachigen Gemeinde ernannt worden war. Beide schlossen sich hier 1538 Calvins Gemeinde an. Ihm gelang es 1539, Idelette de Bure und ihren Mann Jean Stordeur vom Täufertum abzubringen. Im Frühjahr 1540 starb Jean Stordeur an den Folgen der Pest. Seine Frau blieb mittellos zurück. Johannes Calvin verfolgte zu diesem Zeitpunkt ganz andere Absichten. Bereits am 28. Februar 1539 war er ein Ehegelöbnis eingegangen und schrieb darüber an seinen Freund und Reformatorenkollegen Guillaume (Wilhelm) Farel (1489–1565) in Neufchâtel. Die Braut blieb unbekannt, die Ehe selbst wurde nie geschlossen. In der Theorie wandte sich Calvin gegen den Zölibat, wusste aber nicht, ob er jemals heiraten würde. So war das Ehegelöbnis ein erster Schritt in eine andere Richtung. Am 19. Mai 1539 schrieb er an Farel: „Ich gehöre nicht zu der verrückten Art von Liebhabern, die auch die Fehler [ihrer Geliebten] vergöttern, wenn sie einmal von ihrer Schönheit eingenommen sind.

Porträt von Johannes Calvin (1509–1564), Öl auf Holz, 16. Jh.

Das ist die einzige Schönheit, die mich anzieht, wenn sie züchtig, willfährig, nicht hochmütig, sparsam und geduldig ist, und wenn ich hoffen darf, sie werde um meine Gesundheit besorgt sein." (Mehlhorn: Frauen, S. 34) Besonders die Sparsamkeit war ein wichtiger Umstand, denn zu Beginn seiner Tätigkeit bezog Calvin kein Gehalt. Er lebte im Hause des Freundes Martin Bucer, ehe er ein eigenes in der heutigen Rue du Bouclier beziehen konnte. Am 6. Februar 1540 befasste er sich ein weiteres Mal mit einer möglichen Eheschließung, doch handelte es sich offenbar um eine Frau adeliger Herkunft, die zudem kein Französisch sprach und von der er befürchtete, sie würde das schlichtere Leben einer Pfarrersfrau unmöglich mit ihm teilen können. Zwar hatte er am 21. Juni 1540 noch an Farel geschrieben, dass das Warten auf die Nachricht einer Trauung grundlos sei, doch scheint es in der Folge zu einer Begegnung mit Idelette de Bure gekommen sein, auch wenn nichts Genaueres über die Beziehung der beiden vor der Eheschließung bekannt ist. Im August/September 1540 haben Calvin und Idelette in Straßburg geheiratet. Die Trauung soll um den 10. August 1554 stattgefunden haben (vgl. Mehlhorn: Frauen, S. 36). Nach der Hochzeit zogen Idelette und ihre Kinder – der namentlich nicht bekannte Sohn und Tochter Judith – zu Johannes Calvin ins Haus in der Rue du Bouclier. Idelette übernahm dort die Haushaltsführung von der alten Madame du Verger, die Calvin neben anderen französischen Gästen und Flüchtlingen in seinem Haus aufgenommen hatte. Farel beschrieb Idelette als brave, ehrbare und ganz auserlesene, schöne Frau. Sie beherrschte zudem Latein und korrespondierte mit den Freunden Calvins und den Frauen der anderen Reformatoren. Im September 1541 kehrte Calvin nach Genf zurück, wohin ihm seine Frau und Stieftochter Judith wenig später nachfolgten. Der Sohn blieb zunächst in Straßburg. In Genf beklagte sich Idelette bei Calvins Sekretär François Bauduin darüber, dass der Sohn – Anabaptist wie sein leiblicher Vater nicht in seiner natürlichen Religion, sondern in der Religion Calvins erzogen werden würde. 1545 befand er sich in Hessen bzw. in Köln, fern der neuen Heimat seiner Mutter. In Genf wurde am 28. Juli 1542 Johannes Calvin und seiner Frau auch ein gemeinsames Kind namens Jacques geboren, das aber wenige Tage später – im August 1542 – starb. Es war ein Schock, vom dem sich die Kindsmutter nie richtig erholte. Darüber schrieb Calvin an den Reformatorenkollegen Pierre Viret (1511–1571): „[...] sie kann nun einem Sekretär auf lateinisch diktieren. Doch auch das Diktieren ermüdet sie vollständig" (Calvin, Briefe 11, Sp. 430). Eine weitere Schwangerschaft endete 1544 mit der Totgeburt eines Mädchens, während von der Schwangerschaft des Jahres 1546 weitere Angaben fehlen. Trotz eigener Trauer war sie immer wieder bemüht, Trost zu spenden, so etwa 1542 am Sterbebett des Genfer Freundes Calvins Ami Pascal. Hier sah sie sich in Gegenwart der Pastoren zu seelsorgerlichem Zuspruch berufen. „Sie hieß ihn, wie Calvin schreibt, ‚guten Mächten behalten, was auch kommen möge, und denken, daß sie nicht zufällig gekommen, sondern durch den wunderbaren Rat Gottes zu ihm geführt worden sei, um auch ihrerseits dem Evangelium zu dienen'" (Mehlhorn: Frauen, S. 38). Nachdem sie 1545 schon einmal mit dem Tode gerungen hatte, zeigte sich im August 1548 ihre gesundheitliche Verfassung wieder als besorgniserregend und fesselte sie vom 10. März 1549 an ans Bett. Am Abend des 8. März 1542 starb sie in Genf. Der Überlieferung nach habe sie kurz vor ihrem Tod noch einmal ihren festen Glauben an ein ewiges Leben bekräftigt: „Oh herrliche Auferstehung! Gott Abrahams und aller unserer Väter, schon seit so vielen Jahrhunderten haben die Gläubigen auf dich gehofft, und keiner ist enttäuscht worden; auch ich werde deiner harren!" (Mehlhorn: Frauen, S. 37)

rechts: Pierre Viret (1511–1571), zeitgenössische Abbildung

Genf, Blick auf das 1909–1917 entstandene Reformationsdenkmal mit den Darstellungen von Farel, Calvin, Beza und Knox. Mit Marie Dentière (um 1495–1561) erinnert seit 2002 der erste Name einer Frau an die Theologin und Reformationshistorikerin aus Tournai.

Die Frauen im Dienste der Reformation

HILLE FEICKEN

Die Täuferin († 1534)

„gelich anderen megeden vnd frouwepersonen"

Hinrichtungsstätten wie Galgenberge schreiben schon naturgemäß blutige Geschichte. So auch der von Bevergern, heute Teil der Gemeinde Hörstel im Tecklenburger Land. Hier wurde 1534 die Münsteraner Wiedertäuferin Hille Feicken enthauptet.

Die Wiedertäufer hielten damals die Stadt Münster fest im Griff, während Fürstbischof Franz von Waldeck (vermutlich 1491–1553) versuchte, die Stadt mit seinem Heer zurückzu-

Münster, Täuferkörbe am Turm von St. Lamberti

erobern. „In Anlehnung an die Darstellung im Buch Judith der Alten Testaments [ ] hat Hille Feicken am 16. Juni 1534 Münster mit dem Vorhaben verlassen, sich in das feindliche Lager des Bischofs zu begeben und diesen zu töten, um auf diese Weise die Stadt von der Belagerung zu erlösen." (Königreich der Täufer, Bd. 1, S. 158) Im Lager des Bischofs in Telgte erklärte sie den Wachen des Bischofs, dass sie gekommen sei, um den Wiedertäufern abzuschwören und dem Bischof wichtige Geheimnisse aus der Stadt Münster zu verraten. Allerdings soll der Plan von dem Münsteraner Herman Ramert verraten worden sein, worauf man Hille Feicken verhaftete, verhörte und folterte. Die Folterprotokolle vom 26. und 27. Juni 1534 sind erhalten und dokumentieren das Einzelschicksal einer Wiedertäuferin, dass ohne den „Mordplan" vermutlich in der allgemeinen Geschichte aufgegangen wäre. Allerdings gilt es, die vor allem im Rahmen der so genannten ‚peinlichen Gerichtsbarkeit', also der Folter, erzwungenen ‚Geständnisse' vorsichtig zu bewerten.

Die Münsteraner Wiedertäufer gehörten zur radikalen niederdeutschen Bewegung der Melchioriten, deren Name auf Melchior Hofmann (um 1495–1543) zurückgeht. Hofmann, einer der bekanntesten Vertreter der Täuferbewegung, gilt als indirekter theologischer Wegbereiter des Täuferreiches von Münster. Von 1523 an hatte er als lutherischer Sendbote gewirkt und 1525 in Wittenberg Martin Luthers Vertrauen gewonnen, es 1527 wegen seiner Ansichten aber wieder verloren. Bei einem Aufenthalt in Straßburg begegnete Hofmann Caspar Schwenckfeld und dem Täufertum. Als er im April 1530 vom Rat die Gleichstellung der Täufer mit der Staatskirche und die Überlassung einer Kirche verlangte, erließ der Rat Haftbefehl gegen Hofmann, der 1533 vollzogen wurde. In besagtem Jahr hatte er die Wiederkunft Christi vorausgesagt. In der Haftzeit verfasste er mehr als 35 Schriften und übte wohl eher unbewusst starken Einfluss auf die Theologie in Münster aus.

Über Hille Feicken indes ist nur wenig bekannt geworden. Das erste Verhör am 26. Juni 1534 widmete sich ihrer Person. Hiernach wurde sie im westfriesischen Wirdum, einem kleinen Ort zwischen Sneek und Leeuwarden in den Niederlanden, geboren. Zunächst lebte sie mit ihrem Mann ‚Psalmus‘ in Sneek. Dort hatte sie ihr Hab und Gut den Armen geschenkt, bevor sie drei Wochen nach ihrem Mann Ende Februar oder Anfang März 1534 zu ihm nach Münster zog.

Im Jahr 1533 hatte sie der Münsteraner Stadtrat komplett verändert – alle Mitglieder waren evangelisch. Ein Ratsmitglied – Bernd Rothmann – spaltete durch seine Forderung der Erwachsenentaufe die evangelische Bewegung. Er selbst hatte sich der Täuferbewegung angeschlossen. Diese radikalisierte sich zudem, erst recht mit der Entsendung Jan van Leidens (1509–1536) durch Jan Mathys (um 1500–1534) nach Münster 1534. Mathys war der bedeutendste Vertreter der niederländischen Täuferbewegung, die mehr und mehr Sympathisanten in Münster gewann. Nun setzten die Erwachsenentaufen ein, die dem Reichsrecht widersprachen und Fürstbischof Franz von Waldeck die Möglichkeit gaben, gegen Jan van Leiden und die Wiedertäufer vorzugehen. Doch beherrschten die Täufer mit der Ratswahl am 23. Februar 1534 ganz Münster. Katholiken und Protestanten flüchteten großenteils aus der Stadt. Wer sich nicht taufen ließ, wurde zudem vertrieben.

In dieser Situation traf Hille in Münster ein, das sich in den folgenden Wochen radikal verändern sollte. Die Täufer ließen das Stadtarchiv verbrennen und führten die Gütergemeinschaft ein. Auch der Endzeitwahn griff stark um sich, denn für Ostern 1534 hatte Jan Mathys das Erscheinen Jesu Christi verkündet.

Bereits in Sneek hatte Hille „die Glaubenstaufe empfangen und dadurch das Bündnis mit Gott endgültig besiegelt." (Kobelt-Groch: Judith, S. 90) In Münster angekommen, habe sie „‚gelich anderen megeden vnd frouwepersonen‘, Dienst an den Befestigungswällen der Stadt verrichtet." (Königreich der Täufer, Bd. 1, S. 158)

Die Täufer wie Hille Feicken „glaubten nicht an die Möglichkeit einer christlichen Gesellschaft. Sie lehnten die bruchlose Ineinssetzung von bürgerlicher und religiöser Person, die unterschiedliche Nähe von Staat und Kirche ab." (Bainton: Frauen, S. 167) In den Augen ihrer Zeitgenossen erschienen die Täufer als subversiv, nicht zuletzt wegen ihrer Auslegung der Bibel. Katholiken und viele Protestanten verurteilten sie als Ketzer. „Luther hielt sie für aufrührerisch." (Bainton: Frauen, S. 168) Wie Recht er behalten sollte, zeigte sich in Hille Feickens Vorgehensweise exemplarisch. Im „peinlichen Verhör", d. h. während der der Folter am 27. Juni 1534 gestand sie, dass ihr der Gedanke keine Ruhe mehr gelassen habe, Judiths Tat noch einmal zu vollbringen. Im Nachhinein sei sie

Erhard Schön: Die Herrschaft der Täufer – Ansicht der Belagerung von Münster 1534, kolorierter Holzschnitt, Nürnberg 1535

sich allerdings nicht mehr sicher, ob Gott oder der Teufel sie dazu gebracht hätten. Hille Feicken gab an, „ihren Tatplan den Führergestalten mitgeteilt und mit ihnen besprochen zu haben und letztlich von ihnen auch unterstützt worden zu sein. Es dürfte also nicht den historischen Gegebenheiten entsprechen, Hille Feicken als gedungene Mörderin bzw. Werkzeug zu betrachten, vielmehr scheint sie, eigenmächtig und göttlich inspiriert, ihre Idee von der Judithmetamorphose entwickelt und in Teilen umgesetzt zu haben. […] Indem Hille Feicken erklärte, Judiths Tat noch einmal vollbringen zu wollen, eröffnete sie sich die Möglichkeit, als Frau im Münsteraner Täuferreich politisch agieren und ihren Befreiungsplan über alle Zweifel hinweg, in Angriff nehmen zu können." (http://www.mennlex.de/doku.php?id=art:feicken_hille) Tatsächlich hatte Hille Feicken den Plan allein in die Tat umsetzen wollen und beriet sich dann in der Folge mit einer Frau aus Holland. „Erst anschließend habe sie sich den Propheten und Knipperdollinck mitgeteilt. Diese reagierten zunächst ablehnend […], stellten sich dem Vorhaben aber auch nicht in den Weg." (Königreich der Täufer, Bd. 1, S. 158) Bernhard Knipperdollinck (um 1495–1536) war einer der Führer des Täuferreichs von Münster. Sicher – am Ende blieb Hille Feickens versuchte Tat ein Einzelfall. Ihre Berufung auf die alttestamentarische Judith indes ist nicht ungewöhnlich, da sich auch andere Täufer mit biblischen Vorbildern identifizierten und „der Vergleich mit der Urgemeinde von Jerusalem zum allgemeinen Bewusstsein der Täufer gehörte" (Königreich der Täufer, Bd. 1, S. 158). Nur die Wahl der Mordwaffe lud zum Spekulieren ein. Im Verhörprotokoll wird daher das später allseits zitierte ‚vergiftete Hemd‘ nicht genannt. Es gehört ohne Zweifel in den Bereich der Fantasie, weshalb Hille Feicken auch im westfälischen Sagenschatz weiterlebt. (vgl. Kobelt-Groch: Judith, S. 94 f.)

FELICITAS VON SELMNITZ

(1488–1558)

„truncken alle draus"

Der Hallenser Stadtgottesacker ist wohl mit Abstand der schönste und bedeutendste Renaissancefriedhof nördlich der Alpen. Als Felicitas von Selmnitz hier am 2. Mai 1558 zur letzten Ruhe gebettet wurde, war es die früheste dokumentierte Beerdigung. Die Bauarbeiten der Campo-Santo-Anlage von Nickel Hoffmann hatten im Vorjahr begonnen und wurden erst 1590 abgeschlossen. In die Hallenser Stadtgeschichte ging die Adelige aufgrund der Tatsache ein, da sie sich in Halle als eine der ersten Anhängerinnen Martin Luthers offen zu dessen Thesen bekannt hatte und Halle daher 1528 verlassen musste. Erst 1547 kehrte sie nach Halle zurück. Ihr erhaltenes Grab befindet sich in einer der 94 Schwibbogengrüfte, die den Stadtgottesacker einrahmen (Bogen 12).

Geboren wurde Felicitas von Selmnitz im Jahre 1488 als Tochter des Adeligen Hans von Münch. Dieser genoss am sächsischen Hof hohes Ansehen. Über Kindheit und Jugend von Felicitas ist nichts bekannt. Ihre Familie war ehedem in der Gegend um Dornburg an der Saale ansässig. Am 26. Januar 1507 heiratete sie Wolf I. von Selmnitz (1475–1519) in Allstedt, wo Wolf seit 1502 als kurfürstlich-sächsischer Haupt-

und Amtmann des Schlosses beschäftigt war. Für Wolf von Selmnitz handelte es sich um die zweite Eheschließung, denn seine erste Frau Amalie von Bünau war ein Jahr zuvor bei der Geburt einer Tochter verstorben. Die Hochzeitsfeier richtete Kurfürst Friedrich der Weise aus und wollte damit dem Bräutigam und nicht zuletzt dessen Vater als Amtsvorgänger des Sohnes eine Ehre erweisen.

Die junge Ehe wurde allerdings von „erbitternde[n] Auseinandersetzungen zwischen dem Ehemann von Felicitas zunächst mit der Stadt Erfurt, später mit zweien seiner Neffen begleitet, den Söhnen seines verstorbenen Bruders, deren Vormund er geworden war." (Koch: Felicitas, S. 127 f.) Die Neffen hatten Wolf Vorteilnahme bei der treuhänderischen Verwaltung ihres Erbes vorgeworfen, so dass Wolf und Felicitas zunächst von der Vitzenburg an der Unstrut in ein 1509 neu erworbenes Anwesen in der Amtsstadt Glaucha vor den Toren Halles zogen. Hier unterlag Wolf einer zeitweiligen Aufenthaltsbeschränkung, nachdem die Neffen bei Herzog Georg von Sachsen geklagt hatten. Eine andere Auseinandersetzung aber sollte Wolf von Selmnitz mit seinem Leben bezahlen. Tatsächlich war er als Amtmann in Allstedt nur dazwischengegangen, als zwei Parteien in Streit gerieten und handgreiflich wurden. Die Verletzung, die einer der Kontrahenten – T(h)ilo von Knebel – am Arm erlitt, wurde Wolf von Selmnitz zugerechnet. Die Söhne von Knebels schworen Rache und tatsächlich erstach Moritz von Knebel, Marschall am erzbischöflich-magdeburgischen Hof in der Hallenser Moritzburg, Wolf von Selmnitz am 8. Januar 1519 hinterrücks, als sich beide auf der Hochzeit des erzbischöflichen Kammerherrn in Halle begegnet waren. Ein Schutzbrief des Magdeburger Erzbischofs Kardinal Albrecht von Brandenburg (1490–1545) war wirkungslos. Der Sohn Hans von Selmnitz – 14 Jahre alt – war Zeuge der heimtückischen Tat, die an den Stufen zum Salz-

Von Selmnitzsches Wappen aus Siebmachers Wappenbuch, 1605

markt stattfand. Hans war eines von den gemeinsamen sieben Kindern, fünf Söhnen und zwei Töchtern, von denen nur der zweitgeborene Sohn Georg das Kindesalter überlebte. Wolf von Selmnitz starb nicht sofort, sondern erst in den Morgenstunden des 9. Januar 1519 in einem Haus in der Märkerstraße. Über Moritz von Knebel wurde die Acht verhängt, doch gelang ihm die Flucht. Felicitas von Selmnitz führte den Hof unweit der heutigen Georgenkirche weiter, floh jedoch im gleichen Jahr vor der grassierenden Pest nach Weißenfels, wo im Oktober 1519 ein Sohn starb. Die Witwe war zu diesem Zeitpunkt 31 Jahre. Der Erbstreit mit den Neffen war nicht vom Tisch, im Gegenteil, denn Herzog Georg hatte der Witwe die Hälfte des Schlosses Vitzenburg samt dem Dorf Liederstedt und allem Zubehör als Wittum zugesprochen. Darüber und über die Vormundschaft des Sohnes Georg stritten die Beteiligten. Am Ende konnte nur Herzog Georg von Sachsen schlichten, zumal sich Bastian von Selmnitz kurz nach dem Tod seines Bruders Wolf auf der Vitzenburg verschanzt hatte und damit versuchte, das Erbe durch Selbstjustiz anzufechten. Felicitas erhielt am Ende im Herbst 1519 durch Herzog Georgs Schiedsspruch das Gut Liederstedt zugeschrieben. Dort scheint sie für zwei Jahre gelebt zu haben. Tatsächlich war Felicitas eine der ersten Frauen in ihrer Zeit, die das herzoglich-sächsische Appellations- und Schiedsgericht angerufen hatte. Im Oktober kehrten Felicitas von Selmnitz und ihr Sohn Georg auf das Gut in Glaucha zurück. „Den Zugang zum aufkommenden protestantischen Glauben erhielt sie vermutlich durch ihren Schwager und Justus Jonas sowie besonders durch den Kaplan der Glauchaer Georgenkirche Thomas Müntzer, der sie religiös stark beeinflusste", vermutet Stefan Auert in seinem Porträt über Felicitas von Selmnitz. (http://www.buergerstiftung-halle.de/bildung-im-vorueberge-hen/selmnitz) Ernst Koch verweist besonders auf die Rolle von Thomas Müntzer, durch den Felicitas von Selmnitz und ihr Sohn Georg zur Weihnachtsmesse im Dezember 1522 erstmals das Abendmahl in beiderlei Gestalt empfingen. (vgl. Koch: Felicitas, S. 131 f.) Der Aufenthalt in Halle ermöglichte dem Sohn auch den regelmäßigen Schulbesuch, an dem Felicitas teilhatte, indem sie von ihrem Sohn ab Januar 1523 das Lesen lernte, dem ein konzentriertes Studium der Bibel folgte. Dieses Studium habe sie zum Konfessionswechsel veranlasst. (Stadtgottesacker, S. 14) Tatsächlich umfasste die von Selmnitzsche Bibliothek nach Felicitas' Tod 362 Bände, die sie der 1552 gegründeten Hallenser Marienbibliothek hinterließ. Einige der Bände sind mit ihren teils schriftlichen als auch grafischen Anmerkungen versehen. Exemplarisch nennt Ernst Koch etwa das Septembertestament – Luthers Übersetzung des Neuen Testaments aus dem Jahr 1522, wobei Felicitas sowohl den Text wörtlich kommentierte als ihn auch unterstrich oder durch kleine Zeichnungen illustrierte. So er-

Halle/Saale, Stadtgottesacker

schien neben dem Matthäustext in Kapitel 26 Vers 27 die Zeichnung eines Kelches und bezogen auf den Wortlaut „Trincket alle daraus" am Rand der Hinweis „truncken alle draus" (vgl. Koch: Felicitas, S. 137). Im Jahre 1527 begleitete sie ihren Sohn anlässlich seines Studiums nach Wittenberg, wo sie als geistig hoch gebildete und angesehene Frau zur Tischrunde Martin Luthers gehörte. Nachdem sich aber in Halle seit 1523 der politische Druck zunehmend verschärft hatte,

Halle/Saale, Moritzburg

Querfurt, Schloss Vitzenburg, Grafik, um 1846

forderte Kardinal Albrecht Felicitas nach ihrer Rückkehr nach Halle auf, dem neuen Glauben abzuschwören. Widrigenfalls müsse sie die Stadt verlassen. Hinzu traten wirtschaftliche Sanktionen, so dass Felicitas an Martin Luther schrieb, der ihr riet, die Stadt zu verlassen, nicht zuletzt, um mögliche Konfrontationen rechtzeitig zu entgehen. So ließ sich Felicitas von Selmnitz 1528 in Wittenberg nieder, um erst 1547 ins mittlerweile reformierte Halle zurückzukehren. Unter den zahlreichen Widmungsexemplaren, die Felicitas in der Folgezeit von den Wittenberger Reformatoren erhielt, ist Luthers Bibelübersetzung von 1534. „Der Erbarn tugentsamen frawen felicitas von Selmenitz meiner lieben gevatterin" (Koch: Felicitas, S. 136) ist sie gewidmet. Neben Luther haben Justus Jonas, Johannes Bugenhagen und Caspar Cruciger Felicitas Bücher und Druckschriften gewidmet – heute allesamt in der Hallenser Marienbibliothek. „Luther verwandte sich in den folgenden Jahren noch mehrmals in den unterschiedlichsten Belangen für Felicitas von Selmnitz." (Auert: Felicitas, o. S.) Bei einer oder möglicherweise beiden Töchtern Luthers wirkte Felicitas als Taufpatin, offenbar auch bei den Kindern von Justus Jonas bzw. Johannes Bugenhagen.

Beim Ausbruch der Pest 1535 verließ Felicitas mit ihrem Sohn Georg Wittenberg und ging nach Jena, wohin man die Universität verlegt hatte. Dort lebte auch Felicitas' Schwester, eine nun verheiratete ehemalige Nonne. Bei ihr lebten Georg und seine Mutter für acht Monate. Nach Luthers Tod und dem vermutlichen Ende der Anstellung ihres Sohnes am sächsischen Hof (Gerichtsassessor in Wittenberg, 1550 Kanzler der Mansfelder Grafen und 1552 Hofrat des Merseburger Bischofs Michael Sidonius) zogen beide 1546 nach Magdeburg und 1547 nach Zerbst, ehe sie im September des gleichen Jahres endgültig nach Halle zurückkehrten. Hier verfolgte Felicitas von Selmnitz „die spannungsreichen Auseinandersetzungen zwischen Erzbischof Johann Albrecht von Brandenburg-Ansbach (1541/45–1550), städtischem Rat, Geistlichkeit und Bürgerschaft um die Einführung der Reformation und den Sieg derselben unter Erzbischof Sigismund von Brandenburg (1552–1566)" (Auert: Felicitas, o. S.). Nach ihrem Tod am 1. Mai 1558 geriet ihr Schicksal – als das einer unangepassten Witwe – mehr und mehr in Vergessenheit. Erst die jüngere Forschung hat Felicitas von Selmnitz wiederentdeckt.

ARGULA VON GRUMBACH

(um 1492–1568)

„Ain geborne von Stauff"

„Ain geborne von Stauff" – Mit diesem Schriftzug beendete Argula von Grumbach stets ihre Briefe. Sie gilt als ‚tapfere Bekennerin aus der Zeit der Reformation', ‚kämpferische Streiterin' und ‚Grenzgängerin der Reformation'.

Argula wurde vermutlich 1492 auf Burg Ehrenfels im fränkischen Beratzhausen geboren. Ihr Vater war Bernhardin Freiherr von Stauff, herzoglicher Hauptmann zu Ingolstadt und Verordneter der bayerischen Landschaft, ihre Mutter Katharina war die Tochter Georgs Graf von Törring zu Seefeld und der Barbara von Tauffkirchen. Argula entstammte somit dem bayerischen Hochadel. Noch vor dem frühen Tod der Eltern – beide starben 1509 kurz nacheinander an der Pest – kam Argula als Hoffräulein der Herzogin Kunigunde (1465–1520), Ehefrau Herzog Albrechts IV. von Bayern (1447/1465–1508) an den bayerischen Hof nach München, wo sie zur Hofdame erzogen werden sollte. Kunigunde war die Tochter Kaiser Friedrichs III. und Schwester Kaiser Maximilians I. „Unter Kunigundes Vormundschaft erhielt sie eine gute Ausbildung, die aus dem kleinen Mädchen eine geistvolle Autorin machte. Allerdings lernte sie nie Latein. Ihre Texte sind in deutscher Sprache abgefasst." (Bainton: Frauen, S. 106) Um 1515/16 heiratete Argula von Stauff Friedrich von Grumbach. Er stand seit 1515 als Pfleger (Statthalter) von Dietfurt in Franken im Dienst der bayrischen Herzöge. Aus der Ehe gingen vier Kinder hervor, drei Söhne und eine Tochter: Georg, Hans Georg, Gottfried und Apollonia.

Es bleibt unklar, auf welche Weise Argula von Grumbach vom reformatorischen Gedankengut Kenntnis erlangte und ergriffen wurde. Vermuten lässt sich der Würzburger Domprediger Paul Speratus (1484–1551), mit dessen und Georg Spalatins Hilfe sie 1523 auch an Luther herantrat und bekannte, dass sie alles gelesen habe, „was von Doktor Martinus in deutscher Sprache ausgegangen sei, und das sei wahrlich viel" (Heinsius:

Argula von Grumbach, Porträtmedaille, um 1520

Das unüberwindliche Wort, S. 138). Spalatin hatte ihr Luthers Schriften vermittelt. Mit ihm und Andreas Osiander (1498–1552) korrespondierte sie. Da sie nie Latein gelernt hatte, schrieb sie in Deutsch. Allerdings hatte sie bereits beim Weggang aus dem Elternhaus von ihrem Vater eine deutsche Bibel geschenkt bekommen – aus der Werkstatt Anton Kobergers von 1483. Darin fanden sich Holzschnitte von Heldinnen des Alten Testaments. (vgl. Bainton: Frauen, S. 106)

Bekannt wurde Argula von Grumbach durch ihr engagiertes Eingreifen für Arsacius Seehofer (um 1505–1543). Der hatte sich als Student in Wittenberg für die evangelische Lehre begeistert und wurde 1523 an der Universität von Ingolstadt in einen Ketzerprozess verwickelt – in der Höhle des Löwen, denn hier lehrte Luthers erbitterter Gegner Johannes Eck. Vor der gesamten Universität widerrief der junge Theologe Seehofer am 7. September 1523 mit dem Neuen Testament in der Hand und unter Tränen seine Überzeugung für die neue evangelische Lehre. Er wurde zur Klosterhaft in Ettal verurteilt. Schon zuvor hatte man ihn inhaftiert und bedroht. Als Argula von diesem Vorfall erfuhr, wandte sie sich an Osiander, doch der bescheinigte später nur, dass Argula in der Heiligen Schrift sehr bewandert sei. In der Sache selbst unternahm er nichts. Geradezu unerhört für die damalige Zeit verfasste sie am 20. September 1523 Sendbriefe an die Universität von Ingolstadt sowie an den Herzog von Bayern und prangerte darin den haltlosen Umgang mit Seehofer an. Wenn dies schon kühn war, dann erst recht, dass sie von einer Frau verfasst wurden. Ihr Protest wurde daher stark wahrgenommen. Die Briefe sind erhalten und legen deutliches Zeugnis ab, von der Schreiberin, ihrem Wissen und ihrer Kunst des Argumentierens. An Rektor und Universität richtete sie die folgenden, aufschlussreichen Zeilen: „[...] daß ihr so töricht und gewalttätig handelt wider das Wort Gottes, und mit Gewalt zwingt das heilige Evangelium in der Hand zu halten,

Unbekannter Meister: Herzogin Kunigunde von Bayern (1465–1520), Öl auf Holz, um 1485

dasselbige dazu zu verleugnen, wie ihr denn mit Arsacius Seehofer getan habt, und ihm einen solchen Eid und Vorschreibung vorgehalten, mit Gefängnis und Drohung des Feuers dazu gezwungen, Christum und sein Wort zu verleugnen. Ja, so ich's also betrachte, so erzittert mein Herz und alle meine Glieder. Was lehret Dich Luther und Melanchthon anders denn das Wort Gottes? Ihr verdammt sie unüberwunden. [...] Aber über das Wort Gottes haben sie nichts zu gebieten, weder Papst, Kaiser noch Fürsten. [...] Ich bekenne aber bei Gott und meiner Seelen Seligkeit, wo ich Luthers und Melanchthons Schriften verleugnet, daß ich Gottes und seines Wortes verleugnet [...] Ursache, daß Paulus sagt im 1. Korinther 14: Die Weiber sollen schweigen und nicht reden in der Kirchen. Nun ich aber in dieser Art keinen Mann sehe, der reden will noch darf, dringt mich der Spruch: Wer mich bekennt [...] wie oben angezeigt. Und nehm für mich Jesaja im 3. [Kapitel]: Ich schicke ihnen Kinder zu Fürsten und Weiber oder Weibische werden sie beherrschen. [...] Hört Ihr, daß uns den Verstand Gott und kein Mensch geben kann [...]". (Bainton: Frauen, S. 103 f.) Damit wurde sie schlagartig bekannt. Allerdings nahm sie offenbar mögliche Konsequenzen für ihre Familie – besonders ihren Ehemann, der bis zu seinem Tod 1529 katholisch blieb – in Kauf. Und sie bekannte sich mit diesem Brief öffentlich zum evangelischen Glauben. Dies war umso gefährlicher, als der Herzog Wilhelm IV. (1493/1508–1550) im März 1522 eine scharfe Verordnung erlassen hatte, die allen bayrischen Untertanen streng verbot, Lehren und Schriften Luthers anzunehmen oder darüber zu disputieren. Und dennoch bekundete Argula in ihrem Brief offen, sich nicht zu scheuen, den Professoren samt Rektor gegenüberzutreten. Eigentlich war zu erwarten, dass einer Frau von Seiten der Universität niemand offen antwortete. Vielmehr erhielt sie ein ,Hohngedicht' eines Studenten namens Johann. Er spielte mit ihrem Namen Argula. Zu erwarten war auch, dass sich Argula dies nicht gefallen ließ und ebenso frech und wortwitzig konterte. Natürlich behielt sie recht, dass man die neue Lehre Luthers nicht durch repressive Maßnahmen unterdrücken könne. Ihren zweiten Brief an Herzog Wilhelm hatte sie noch zugespitzter formuliert und darin die ausbeuterische Geldwirtschaft und die Unmoral des Weltklerus und der Ordensgeistlichen angeprangert – doch blieben solche Beschwerden auch auf den Reichstagen unbeachtet. Was den Brief an Wilhelm IV. anbelangte, so intervenierte der Herzog und rettete Seehofer damit vor dem Bischof und dem Scheiterhaufen. Sanktionen indes erhielt der Ehemann, den man im Oktober 1523 als Pfleger von Dietfurt seines Amtes enthob. Auch gab es Gespräche zwischen Herzog Wilhelm und seinem Bruder Ludwig, wobei Ludwig über Friedrich von Grumbach Druck auf dessen Ehefrau ausüben sollte. Hätte Friedrich von Grumbach das Disziplinierungsrecht erlangt, so wäre er berechtigt gewesen, seiner Frau beispielsweise einige Finger abhacken zu lassen. Noch im Herbst 1523 wurde sie auf Einladung des Pfalzgrafen Johann von Simmern auf dem Nürnberger Reichstag gehört – übrigens der Pfalzgraf, dessen Sohn Friedrich Marie von Brandenburg-Kulmbach heiraten und zum Protestantismus übertreten sollte –, aber die Anhörung brachte nichts. Die Anwesenden schienen eher mit Essen und Trinken beschäftigt zu sein, als kirchlichen Fragen zu folgen. Die Familie geriet über den Verlust des Amtes in Not, die Opposition erlebte Argula von Grumbach durch ihre Familie und Angehörigen. Doch sie blieb standhaft. In einem Brief an Adam von Törring, den Vetter ihrer Mutter, Statthalter der jungen Pfalzgrafen Ottheinrich und Philipp in Neuburg an der Donau, schrieb sie: „Man heißt mich lutherisch, ich bin es aber nicht, ich bin im Namen Christi getauft, den bekenn ich und nicht Luther. Aber ich bekenn, daß ihn Martinus auch als ein getreuer Christ bekennt. Gott helf, daß wir solches nimmermehr verleugnen, weder durch Schmach, Schande, Kerker, Peinigung, auch durch den Tod. Das helf und verleihe Gott allen Christen. Amen." (Bainton: Frauen, S. 112)

Am 1. Dezember 1523 schrieb sie an Kurfürst Friedrich den Weisen: „Wir sehen das heil, gott sei lob, und haben alle gewalt auf unserer Seiten, lasst sie E.K.G. [Euer Kürfürstlichen Gnaden] toben und wüten, ist doch ohn Kraft, der fels wird sie zerknirschen und zu grund stürzen [...] Ich redet nechsten auch mit Herzog Hansen [...], gern hätt ich viel mehr gredt [geredet], wer volk gewest zuzuhören" (Ausst.-kat.: Argula von Grumbach, o. S.)

Nachdem Luther Argula bereits 1522 eine Ausgabe seines ersten Betbüchleins gewidmet hat (heute in der Deutschen Staatsbibliothek in Berlin), korrespondierten beide auch in der Folgezeit. So bestärkte Argula ihn, als sie von seiner Absicht erfuhr zu heiraten. Bereits im Februar hatte Luther an Johannes Brießmann in Königsberg geschrieben: „Der Herzog von Bayern wütet über [alles] Maß, er metzelt nieder, richtet zugrunde und verfolgt das Evangelium mit aller Macht. Die edelste Frau Argula von Stauffen kämpft einen gewaltigen Kampf in diesem Land mit großem Geist und reich an Worten und Erkenntnis Christi. Sie ist wert, daß wir alle für sie beten, damit Christus in ihr triumphiere [...]" (Bainton: Frauen, S. 114). Wortgewaltig schien sie neben der Schriftgewalt ebenso zu sein. Osiander, der sich im Falle Arsacius als so schweigsam erwiesen hatte, half ihr nun, ihre Flugschriften zu verbreiten, ja er verfasste selbst zu ihrem Schreiben von 1524 eine Vorrede. Acht waren es am Ende, von denen 25 000 bis 30 000 Exemplare auf dem damaligen Markt vermutet werden. (vgl. Ausst.-kat.: Argula von Grumbach, o. S.) Nach 1524 trat sie publizistisch nicht mehr hervor. Bekannt ist, dass sie Luther 1530 auf der Veste Coburg be-

Sebastian Lotzer: Ayn außlegung über dß Evangelium So man lyßt un[d] singt, Augsburg, Melchior Raminger, 1524. – Ein Lobpreis Lotzers für die couragierte Argula v. Grumbach

suchte, wo beide miteinander aßen und sie Käthe mütterliche Tipps zum Stillen von Lenchen mitgab. Nach dem Tod ihres ersten Mannes heiratete sie 1533 erneut, blieb aber auch in der kurzen 1 1/2-jährigen Ehe mit dem Grafen Schlick zu Passau ihrer evangelischen Überzeugung treu.

Das Todesjahr liegt im Dunkeln. In Zeilitzheim ist man vom Sterbejahr 1554 überzeugt. Allerdings gibt das Straubinger Urkundenbuch berechtigten Anlass zu Zweifeln daran. Dort erfährt man unter dem Datum des 11. August 1563, dass sie als 70-Jährige in den Kerker musste, weil sie ihre Untertanen in Köfering durch Vorlesen aufrührerischer Bücher zum Abfall von der katholischen Kirche veranlasst habe. „Ein altes verlebtes [...] unverstädigs weib" (Ausst.-kat.: Argula von Grumbach, o. S.) heißt es dort. Das Stauffergut Köfering befand sich bis 1569 im Besitz der Familie. Erst die Fürsprache eines Angehörigen führte dazu, dass Argula am Ende ‚nur ermahnt' wurde. Sie starb 1568.

MARGARETE BLARER

(1494–1541)

„Daß christlich wer' [wär] ihr wesen"

„**D**aß Capito Euch so wohl gefällt, lobe ich auch Gott höchlich" (Bainton: Frauen, S. 91), schrieb Martin Bucer (1491–1551) scherzend an die damals 38-jährige Margarete Blarer. Beide standen in engem, freundschaftlichem Briefwechsel. Wolfgang Capito hatte just seine Frau verloren und Bucer – Reformator Straßburgs und des Elsass – sah sich veranlasst, den Freund schleunigst wieder zu verheiraten. Unter den drei potentiellen Kandidatinnen fanden sich Wibrandis Oekolampad, Sabina Bader und Margarete Blarer. Mit Margaretes Bruder Ambrosius hatte Bucer bereits vorab in Sachen „Ehestiftung" eifrig korrespondiert. Dabei bekannte er: „Zuerst dachte ich an unsere Margareta; aber das wechselnde Wesen Capitos, seine oft höchst sonderbaren Entschlüsse, die der Frömmigkeit keinen Eintrag tun, aber häufig ihm selbst schaden und seine Umgebung nutzlos quälen. Ließ mich zweifeln […]" (Bainton: Frauen, S. 91).

Ambrosius seinerseits hatte wohl ähnliche Gedanken und schrieb an Bucer: „Wenn meine Schwester zur Ehe neigte, würde ich sie bestimmen, Capito zu heiraten; doch scheint mir ihre Ehelosigkeit, die so reiche Früchte des Glaubens trägt, glücklicher als jede Ehe." (Heinsius: Frauen, S. 44) Statt Margarete heiratete Capito schließlich Oekolampads Witwe Wibrandis Rosenblatt.

Zum „Clan" der Blarerschen Geschwister gehörten die berühmten Brüder Ambrosius (1492–1564), Gerwig (1495–1567) und Thomas (1499–1567), die Schwester Barbara (sie heiratete später Heinrich von Ulm, Herrn auf Grießenberg im Thurgau), ein weiteres Geschwisterkind und die 1494 geborene Margarete. Eigentlich trugen alle sechs den Namen Blarer bzw. Blaurer von Giersberg und lebten in der Konstanzer Münster- und heutigen Katzgasse – im Haus Nummer 7. Die Familie gehörte zur Spitze der Konstanzer Gesellschaft. Vater Augustin wirkte als wohlhabender Kaufmann

Konstanz, Blarersches Haus in der Katzgasse 7 (früher Münstergasse)

und Ratsherr, starb jedoch bereits 1504. Frau Katharina, Tochter des Rottweiler Patriziers Mässlin von Graneck, und die Kinder blieben zurück. Diese erhielten jedoch unter der

Obhut des Konstanzer Rates eine fundierte humanistische Ausbildung, Margarete eingeschlossen. Sie beherrschte Griechisch und Latein, nicht zuletzt, um die Bibel besser verstehen zu können. Die Blarers, die ursprünglich in St. Gallen beheimatet waren, sind seit 1225 in Konstanz nachweisbar, wo Ulrich Blarer als Bürger und Mitstifter des Heiliggeistspitals in Erscheinung trat.

Margarete blieb zeitlebens unverheiratet. Anders als von ihren Geschwistern, sind von ihr keine persönlichen Aufzeichnungen erhalten, die erlauben würden, ihre Sichtweise näher beleuchten zu können. Dennoch ist ihr Leben durch die Briefe und Aufzeichnungen der Brüder und der Freunde nachvollziehbar. So ist bekannt, dass Margarete nach dem Tod der Mutter im Jahr 1530 das elterliche Kaufmannsgeschäft in Konstanz übernahm und weiterführte. Natürlich fiel der Blick bislang eher auf Thomas und Ambrosius, die 1525 gemeinsam mit Johannes Zwick in Konstanz die Reformation einführten. Ambrosius wirkte seit dieser Zeit als Prediger in Konstanz. Thomas lenkte dort ab 1536 die Geschicke als Bürgermeister, während Gerwig seit 1520 als Abt dem Kloster Weingarten vorstand und im Gegensatz zu seinen Brüdern zum Meinungsführer der oberschwäbischen Katholiken während der Reformation wurde. Papst Julius II. ernannte Gerwig Blarer zu seinem Legaten und Kaiser Karl V. berief zum Kommissar am Reichskammergericht.

Neben dem väterlichen Unternehmen und der Führung des Haushaltes gründete Margarete einen Armenverein christlicher Frauen und Jungfrauen, versorgte Glaubensflüchtlinge, besuchte Witwen und Waisen, unterrichtete arme Kinder und pflegte die Kranken in ihren Häusern bzw. während der Pest 1541 in dem als Spital eingerichteten Inselkloster. Martin Bucer nannte sie in einem seiner letzten Briefe „diaconissa ecclesiae Constantiensis" (Heinsius: Frauen, S. 35). Bruder Ambrosius widmete ihr bei ihrem Tod ein Klagelied, das viel über die ‚Schwester der Konstanzer Kirche‘, die unermüdliche Diakonisse Margarete Blarer aussagt:

> „Der armen kind hast vil ernert,
> Sy trüwlich g'lert
> Gottsfurcht, arbeit und lesen.
> Drin g'habt groß Fliß [Fleiß]
> Uf b'sondre wis,
> Daß christlich wer' ihr wesen,
> Und Gottes Haus
> Wurd buwen aus.
> Hast g'mert sin rich
> Und bis zuglich
> Jungfrau und Mutter g'wesen."

(Heinsius: Frauen, S. 45)

Margaretes Bruder Ambrosius Blarer (1492–1564),
zeitgenössisches Porträt des 16. Jh.

Am 15. November 1541 fiel Margarete Blarer der Pest zum Opfer. Sie wurde 47 Jahre alt.

Ohne ihre praktische Nächstenliebe wäre die Botschaft der Reformation wenig überzeugend gewesen. Am Geschehen der Reformation nahm Margarete aber nicht nur durch ihre karitative Tätigkeit teil, sondern auch durch ihre umfangreiche Korrespondenz. Die mit Bucer war besonders eng und freundschaftlich, allerdings wegen Margaretes ausgeprägtem Beharrungsvermögen auch einer starken Belastung ausgesetzt. So hatte sich Bucer in der Abendmahlsfrage derart der Lutherschen Auffassung angenähert, dass er damit die Anhänger Zwinglis in der Schweiz verstimmte. Margarete, die um die Glaubenseinheit der Evangelischen bemüht war, warf Bucer daraufhin vor, Luther zu schnell nachgegeben zu haben.

Kennengelernt hatten sich beide 1530 eher flüchtig, als Bucer Luther auf der Veste Coburg besuchte. Bei dieser Gelegenheit konnte sie ihn nicht beherbergen, so dass ihr Bruder Ambrosius am 13. Februar 1531 schrieb: „Die Zwick lassen Dich grüßen, ebenso mein Bruder und meine Schwester, die Dich einlädt wieder einmal zu kommen; sie bedauert oftmals, daß sie, als Du hier warst, Dich nicht in ihr Haus aufnehmen konnte." (Heinsius: Frauen, S. 43) 1531 lernte sie Bucer anlässlich eines Besuchs in Ulm besser kennen, wo er gemeinsam mit ihrem Bruder sowie Johannes Oekolampad die Reformation durchführte. Die sich dabei anbahnende Freundschaft weitete sich auch auf Bucers Frau und Kinder aus. Noch aus frühen Jahren stammte Margaretes großer Freundeskreis, bestehend aus den Studienfreunden ihres Bruders Thomas, Urban Engelin aus Konstanz, dem Konstanzer Stadtschreiber Jörg Vögeli und dem Konstanzer Stadtarzt Dr. Mennlishofer. Engelin schätzte Margarete derart, dass er sie bat, seinen Vormund davon zu überzeugen, über den Winter in Wittenberg bleiben zu dürfen. Freundschaftliche Verbindungen pflegte Margarete auch zu Heinrich Bullinger und zum Hebraisten Konrad Pellikan in Zürich. Beide waren 1534 Gäste im Blarerschen Haus in Konstanz. Als Bucer Ambrosius Blarer 1533 besucht hatte, wohnte er bei den Blarerschen Geschwistern. Dabei lernte er den großen Konstanzer Freundeskreis, vor allem aber Margaretes außerordentliche Freigiebigkeit kennen,

Pflege Hilfsbedürftiger im späten Mittelalter, zeitgenössische Illustration

der er zu erwidern suchte, es aber nicht vermochte. Auch Heinrich Bullinger und Konrad Pellikan schickte sie einige kleinere Geschenke zur ihrer Freude nach. Durch Fehlspekulationen eines Vertrauensmannes erlitt sie 1537 allerdings empfindliche finanzielle Verluste, so dass sich ihr Bruder veranlasst sah, den Konstanzer Rat um ein festes Jahresgehalt zu bitten. Bislang hatte er darauf verzichtet, musste dann aber sein Grundkapital angreifen. Ihm war Margarete zeitlebens eine fürsorgende Schwester und treue Ratgeberin. Darüber hinaus wurde ihr Urteil und Rat auch im Freundeskreis geschätzt – gerade auch in theologischen Fragen. Allerdings hatte der Bruder Ambrosius den übergroßen Lerneifer seiner Schwester auch mit Besorgnis betrachtet, zumal Bucer sie 1533 ermutigt hatte, ihr vernachlässigtes Studium der lateinischen Sprache wieder aufzunehmen. So schrieb Ambrosius am 23. Februar 1534 an Bucer: „Ich bitte Dich, daß Du meine Schwester nicht ermutigst Griechisch zu lernen, sie hat sich schon mehr als billig auf das Lateinische gestürzt. Du kennst das Ingenium der Frauen. Sie bedarf eher der Zügel als des Ansporns, damit sie sich nicht, indem sie andere, ihrer noch würdigere Aufgaben zurückstellt, ganz auf die Wissenschaften wirft." (Heinsius: Frauen, S. 56) So widmete sie sich eben auch der Pflege der Armen, Kranken, Witwen und Waisen. Auch mit Ausbruch der Pest ließ sie sich nicht entmutigen, den Menschen weiterhin zu dienen. Am Ende erkrankte sie und starb. Ihr Bruder Ambrosius schrieb daraufhin an Heinrich Bullinger in Zürich: „Der Herr, der Geber des Lebens, hat unsere und zugleich unserer ganzen Kirche treueste Dienerin, meine liebliche Schwester Margarete, zum großen Leidwesen aller aus dem Tode zum Leben hinübergeführt, zu der Zeit, die für ihn die rechte, für uns aber die allerungünstigste ist. Sie hat voll Vertrauen auf Christus unter heiligen Reden den letzten Atem ausgehaucht, so daß man ihren Tod eher ein sanftes Einschlafen im Herrn und ein Befehlen der Seele in die Hände des treuen Schöpfers nennen möchte." (Heinsius: Frauen, S. 63 f.)

URSULA WEYDA

(1504 – um 1570)

„Wyder das vnchristlich schreyben un Lesterbuch"

Unter den starken Frauen der Reformationszeit darf ein Name nicht vergessen werden: der von Ursula Weyda. Die um 1504 in Altenburg geborene Tochter des Heinrich von Zschöpperitz und seiner Frau Apollonia trat als prolutherische Flugschriftenautorin in Erscheinung. Ungewiss ist, wann und wo sich Ursula ihr theologisches Wissen aneignete. Die Familie von Zschöpperitz besaß mehrere Güter, wobei Vater Heinrich für seine Verdienste vom Herzog „mit einem besonderen Status seines Besitzes in Altenburg belohnt" (Domröse: Frauen, S. 38) wurde. Der gleichnamige Ort Zschöpperitz liegt im Altenburger Land und gehört heute zur Gemeinde Göllnitz, rund zehn Kilometer südwestlich von Altenburg.

Ursulas Mutter war nach dem Tod des Vaters in herzogliche Dienste getreten und mit Gartenland belehnt worden. Das Elternhaus befand sich unweit von St. Bartholomäi. Die Kirche war seinerzeit das wichtigste Gotteshaus Altenburgs. Es gehörte zum Bergerkloster. Als zu Beginn des Jahres 1522 etliche Altenburgerinnen und Altenburger in Selbsthilfe die Gottesdienstordnung geändert hatten und damit die Rechte des Bergerklosters verletzten, klagten Propst und Konvent bei den Räten des Naumburger Bischofs in Zeitz. Doch waren sich Stadtrat und Gemeinde über den künftigen evangelischen Gottesdienst in der Kirche einig. Unweit davon – in der Brüderkirche – predigte Luther am 28. April 1522 erstmalig in Altenburg. (vgl. Ellrich: Luther, S. 115) Und ein Jahr später – am 15. April 1523 – wurde der einstige Generalvikar der Augustiner und nunmehrige Pfarrer von St. Bartholomäi, Wenzeslaus Linck, von Martin Luther in der Kirche getraut. Zu diesem Ereignis reisten Philipp Melanchthon, Lucas Cranach d. Ä., Justus Jonas, Johannes Bugenhagen und Eberhard Brisger an. (Ellrich: Luther, S. 113) Möglicherweise hat Ursula die Geschehnisse von Predigt und Hochzeit gar vor Ort verfolgt. Als Ursula von Weyda, Ehefrau des herzoglichen Schössers des thüringischen Amtes Eisenberg, trat sie 1524 im Rah-

Wittenberg, „Reformationsgarten", Schillerstraße 32–42, Darstellung von Ursula Weyda an der Hausfassade

men einer Flugschriftenfehde erstmals öffentlich in Erscheinung. Ausgelöst hatte die Fehde der antilutherische Abt Simon von Pegau, gegen den Ursula offensiv Stellung bezog. Und sie war damit nicht allein, denn auch Ehemann Johannes, der der Reformation sehr zugetan war, setzte sich aktiv für sie ein. Ihre ‚Antwort' trug den Titel: „Wyder das vnchristlich schreyben un Lesterbuch // des Apts Simon zu Pegaw vnnd seyner // Brueder" (Oehmig: Ursula Weida, S. 83) und erschien offenbar im Juli 1524. „Ich weiß wohl, das spöttisch / und für gering Wert angesehen / das sich ein Weibsbilde untersteh, solch große Hansen zu strafen / die antworten werden / wie etwa die stolzen Pharisäer zum Blinden sagten Johannes 9: Wiltu uns lehren? Wiltu Du eine fremde Sach verantworten, welche dich nit belangt? Aber was gehet mich ihre Widerrede an / mir wär von Herzen leid / wenn der fromm christlich Luther sein Zeit nicht nützlicher sollt zubringen / denn solchen Eseln zu antworten / Darzu so weiß ich das Christus gleich als wohl zu mir / als zu allen Bischöfen gesagt hat / Matthäus 10: Wer mich bekennt vor den Menschen / den will ich auch bekennen vor meinem Vater / der in Himmel ist / der aber mein Wort verleugnet vor den Menschen / den will ich auch vor meinem Vater verleugnen." (Domröse: Frauen, S. 33) Diese unverblümt-offenen Worte, zumal aus der Feder einer Frau, sind für damalige Verhältnisse ziemlich starker Tobak. Doch wer nun vermutet, dass die Flugschrift ohne Verfassernamen erschienen ist, der irrt. Denn Ursula legte von Beginn an Wert auf Öffentlichkeit und löste weitere Streitschriften aus – vier waren es insgesamt. Ihre eigene von 1524 unterzeichnete sie als „Ursula Weydin Schösserin zu Eyssenbergk / Ein gegründe christlich Schrift göttlich Wort und ehelich Leben belangende." (Domröse: Frauen, S. 34)

Bereits 1519 hatte der Pegauer Benediktinerabt Simon Blick am Leipziger Disput zwischen Luther und Eck teilgenommen. Dieser hatte am 4. Juli 1519 auf der Pleißenburg stattgefunden. Darin kämpfte Eck mit allen Mitteln für das Primat des Papstes und die Gewalt der Konzilien. Er versuchte, Luther in die Nähe von Jan Hus zu rücken und überzog permanent

Altenburg, Bartholomäikirche

seine Redezeit. Am Ende betrachteten sich beide Lager als Sieger. Dank der Veröffentlichung der Disputationstexte in Erfurt und Paris gelang es, Luthers Auffassungen breit zu publizieren. Allerdings hatte der Reformator mit seinem Bekenntnis, dass weder Papst noch Konzil höchste Autorität in Glaubensdingen besitzen, den Bruch mit dem Papst in Rom endgültig besiegelt.

Vor diesem Hintergrund hatte Abt Simon Blick seine Flugschrift verfasst und bereits im Titel sehr deutlich formuliert: „Verderbe und schade der Lande und leuthen am gut leybe ehre und der se[e]len seligkeit auß Lutherischen unnd seins anhangs lehre" (vgl. Titelblatt des Zweitdrucks der Flugschrift in: Oehmig: Ursula Weida, S. 78). Darin führte er aus: „Dieweil in diesen ferlichen getzeiten ich seliglich acht, das ein yglich christ, was er im hertzen gleubt, mit dem munde offenbar vor Got und der welt, und yderman zu erkennen gebe, wem er anhange, der mutter der heiligen christlichen kirchen ader [sic!] Martino Luther ader seinem evangelio, und kurtz, ob er martinisch oder dermassen evangelisch sey, dem also nach will ich alle leuthe wissen [lassen], daz ich nit martinisch noch evangelisch [bin], auch also nicht genant werden und diß namen vormittelst der gnaden Gottes zu ewigen getzeiten schewen und nicht annehmen will, dovon ich offentlich betzeuge." (Laube; Weiß: Flugschriften, S. 651) Doch nicht Simon allein gilt heute als Verfasser, sondern zudem sein hochgebildeter Bruder und Erfurter Stadtsyndikus Wolfgang Blick. Die Flugschrift wurde vermutlich zur Jahreswende 1523/24 verfasst und ging mit Luther stark ins Gericht. Die Brüder Blick griffen darüber hinaus Luthers Auffassungen von Ehe, Ehebruch und Zölibat an und versuchten, die Leser über mehrere Seiten hinweg über jene ‚Gebrechen' aufzuklären, „die den Menschen durch Luther und seine Lehre an Leib und Seele erwachsen seien." (Oehmig: Ursula Weida, S. 80) Ursula Weida konterte geschickt, indem sie sich in ihrer Flugschrift 1524 allein auf das ‚sola scriptura' konzentrierte. So war es für sie „ein leichtes, sämtliche Autoritäten der alten Kirche in Frage zu stellen." (Oehmig: Ursula Weyda, S. 84) Nicht die Papstkirche in Rom sei die wahre Kirche. Die ‚Kirche Gottes' sei vielmehr diejenige, die durch den Glauben auf dem göttlichen Wort gebaut ist und vom Heiligen Geist gehalten wird. Natürlich machte Ursula wie dargelegt auch vor personeller Schelte gegen den Abt keinen Halt. Die dritte Flugschrift richtete sich daher gegen Ursula Weyda. „Antwurt wider das unchristlich // Lesterbuch Ursula Weydyn der Schosserin tzu // Eyßebergk" (Oehmig: Ursula Weida, S. 91) ist sie überschrieben. Der Verfasser verwendete ein Pseudonym. Hinter ‚Henricu[s] P.V.H.' verbarg sich ‚Heintz Pfeyffer von Humpelbach' alias Hieronymus Emser (1478–1527), so vermutet Adolf Laube (Laube; Weiß: Flugschriften, S. 814) Laut Impressum ist Emsers Flugschrift noch 1524 erschienen, brachte

Lithografie nach einem Öl-gemälde von Julius Hübner (1806–1882): Disputation Dr. Luthers mit Dr. Eck – sogenannte Leipziger Disputation von 1519, 1863–1866

jedoch inhaltlich wenig Neues, wenn man von einer Tatsache absieht: der Fehde „gegen das von der Weydin beanspruchte Mitspracherecht der Frau in öffentlichen Angelegenheiten" (Oehmig: Ursula Weida, S. 92). Die längste Streitschrift enthält die größte Ungeheuerlichkeit – eine Anklage gegen den politischen Geist einer Frau! Zynisch-polemisch verunglimpfte er Ursula Weyda in seinen Zeilen, etwa indem er schrieb: „Eyn fraw ist [...] eyn heubt der sunde, eyn waffen des teuffels, eyn außtreyberin des paradiß, eyn mutter der boßheyt, eyn tzurbrechung des alten gesetz. Es ist keyn glid in eynem weybe also klein, daz nit in sich hette girigkeyt, morderey, saufferey, unkeuscheyt und machen je tzu tzeytten die menschen tzu unvernunfftigen thieren" (Oehmig: Ursula Weida, S. 93). Über Ursula hinaus werden gleich alle evangelischen ‚Weyber' verunglimpft und verhöhnt, insbesondere auch Argula von Grumbach. Ihr öffentlich ausgetragener Streit war letztlich bis nach Thüringen gedrungen. Diese dritte Flugschrift provozierte eine vierte, ebenfalls anonym verfasste, die jedoch Ursula Weyda und ihren Mann in Schutz nimmt. Sie unterstellte dem Abt von Pegau, seine Schrift nicht selbst verfasst zu haben. Schließlich würde über ihn berichtet, dass er nicht einmal im Stande sei, einen Brief zu verfassen. „Ursula

Weydas Streitschrift hat im thüringisch-übersächsischen Raum also den öffentlichen Disput mitgeprägt und Wirkung gezeigt", bemerkt Sonja Domröse zutreffend (Domröse: Frauen, S. 35).

Über Ursula Weydas weiteres Schicksal ist wenig bekannt. Nach dem Tod ihres Ehemannes 1541 blieb die kinderlose Witwe mittellos zurück. Noch lebte in Altenburg ihre inzwischen kranke Mutter, von der Ursulas Schwager Franz Behm bemerkte, dass ihr Tod jeden Tag zu befürchten sei. Behm, der als Amtsschreiber in Altenburg wirkte, wurde Ursulas Vormund bzw. nach dem Tod seiner Frau Apollonia ihr Ehemann. 1545 gehörten die kränkelnde Mutter sowie die drei halbwüchsigen Kinder aus Behms erster Ehe zum gemeinsamen Haushalt. Außerdem führte Ursula eine Hausbrauerei. 1556 sicherte ihr Franz Behm das gemeinsame Haus in Altenburg als Witwensitz zu, so dass sie im Häuserbuch der Stadt Altenburg 1566 als ‚Ursula v. Zschöpperitz, Franz Behms 2. Frau' erschien. 1572 taucht ihr Name nicht mehr auf. Vermutlich ist sie in der Zeit um 1570 verstorben. (zu den Angaben vgl. Domröse: Frauen, S. 42). Durch Ihre Flugschrift aber ist sie bis heute unvergessen und gilt zu Recht als streitbare Frau der Reformationszeit.

OLYMPIA FULVIA MORATA

(1526–1555)

„Et virtuti ac memoriae Olympia Moratae Fulvii"

(Der Tugend und dem Gedächtnis der Olympia Fulvia Morata)

Die lateinische Grabinschrift in der Heidelberger St. Peterskirche erinnert bis heute an eine Frau, die beinahe die wohl erste Professorin an einer deutschen Hochschule geworden wäre: Olympia Fulvia Morata. In der deutschen Übersetzung lautet die Inschrift wie folgt:

Olympia Fulvia Morata (1526–1555), Ölgemälde (Privatbesitz)

„Gott dem Unsterblichen geweiht. Der Tugend und dem Gedächtnis der Olympia Fulvia Morata, des gelehrten Fulvio Morato aus Ferrara Tochter, des Arztes Andreas Grundler vortrefflichster Gattin als einer Frau, deren Geisteskraft und einzigartige Kenntnis beider Sprachen, deren Sittlichkeit und höchstes Streben nach Frömmigkeit über gewöhnliches Maß immer geschätzt wurden; welch Urteil der Menschen über ihr Leben ein seliger Tod, den sie heiligst und friedfertigst starb, auch mit göttlichem Zeugnis besiegelt hat. Sie starb auf fremdem Boden im Jahre des Heils 1555, im 29. ihres Lebens; hier ist sie mit dem Gatten und dem Bruder Emilio beerdigt. Guillaume Rascalon, Doktor der Medizin. Der Hochverdienten setzte er fromm dieses Denkmal." Bis heute ist Olympia Fulvia Morata unter den Humanistinnen der Renaissance- und Barockzeit die wohl bekannteste.

Geboren wurde sie 1526 als älteste Tochter des Humanisten Pellegrino Moretto (Peregrinus Fulvius Moratus; ca. 1483–1548) und dessen Frau Lucrezia Gozi. Ihr Vater war bei ihrer Geburt bereits 43 Jahre alt. Auf Olympia folgten drei Schwestern, darunter die namentlich bekannte Vittoria, und der 1542 geborene Bruder Emilio. Olympia wurde zunächst von ihrem Vater unterrichtet und dabei in die lateinische Sprache und Literatur eingeführt. Da ihr Vater die Söhne des Herzogs Alfonso I. d'Este am Hof von Ferrara unterrichtete, erhielt sie für ihre Zeit eine außerordentliche Erziehung. Die Zeit am Hof von Ferrara verlief jedoch für Olympia und ihre Familie nicht geradlinig. So wurde der Vater aus nicht näher bekannten Gründen zeitweilig vom Hof verbannt, so dass die Familie zwischen 1530 und 1539 in Venedig, Vicenza und Vercelli lebte. Bereits mit sechs Jahren galt Olympia als weibliches Wunderkind. Mit zwölf Jahren beherrschte sie die lateinische und die griechische Sprache sowie sämtliche sieben

Disziplinen der Artes liberales perfekt: Grammatik, Rhetorik, Logik, Astronomie, Musik, Arithmetik und Geometrie. In Vercelli lernte Peregrinus Fulvius Moratus seinen späteren engsten Freund, den Reformator Celio Secondo Curione, kennen. 1539 durfte er wieder nach Ferrara zurückkehren, da Ercole II., der älteste Sohn Lucrezia Borgias und nach dem Tode seines Vaters 1534 der nächste Herzog von Ferrara, von Moratus' Freunden zur Aufhebung der Verbannung überredet werden konnte. Von 1539 an unterrichtete Olympias Vater die jüngeren Halbbrüder von Ercole II., Alfonso und Alfonsino.

In Prinzessin Anna d'Este, der ältesten Tochter des Herzogs und seiner Frau Renata, fand Olympia 1540 eine fünf Jahre jüngere Studiengefährtin, mit der sie den Unterricht von Dr. med. Giovanni Sinapius (Johann Senf) und seines Bruders Dr. iur. Chiliano Sinapius (Kilian Senf) aus Schweinfurt besuchte. Sie lernte Griechisch und Latein – beides beherrschte sie frühzeitig spielend. Darüber hinaus übte sie sich in Rhetorik und Kalligrafie. Am Hof der d'Este schloss Olympia Freundschaft mit der Hofdame Lavinia della Rovere Orsini und lernte auch berühmte Literaten wie Pietro Bembo oder Lilio Gregorio Giraldi kennen. Von 1540 bis 1541 lebte Celio Secondo Curione in Peregrinus Fulvius Moratus' Haushalt und hinterließ in dieser Zeit auch bei Olympia einen bleibenden Eindruck. Geprägt von den Ideen Curiones wandte sich Olympia mit ihrem Vater der Reformation zu. Curione war einer der ersten Italiener, der mit den Gedanken der deutschen Reformatoren in Berührung gekommen war und sich für die neue evangelische Lehre begeisterte. Doch nicht nur Curione begeisterte Olympia und ihren Vater für die Reformationsbewegung, wichtige Impulse erhielten sie auch durch die Mutter der Studiengefährtin Anna. So gehört Renata (Renée) d'Este, die Ehefrau Ercoles II., Herzogin von Ferrara, zu den interessantesten Frauen der Reformationszeit. Die Tochter des französischen Königs Ludwig XII. und dessen Frau Anna von Bretagne war bereits vor ihrer Ehe noch in Frankreich mit den reformatorischen Ideen in Berührung gekommen und hatte sich ihnen zugewandt, so sehr, dass sie nach ihrer Hochzeit und zum Leidwesen ihres streng katholischen Gatten zahlreiche französische Glaubensflüchtlinge am Hof von Ferrara aufnahm. Unter den Flüchtigen befand sich 1536 auch Johannes Calvin, der sich für mehrere Wochen am Hof Renatas aufhielt. Die beiden hielten bis zum Tode Calvins 1564 Kontakt. Renatas Engagement führte dazu, dass sie im Lauf der Zeit als Ketzerin verdächtigt und von Ercole II. unter Hausarrest gestellt wurde. Ausgerechnet aus Frankreich wurde ein Inquisitor entsandt, der Renata unter großem Druck wieder dem katholischen Glauben zuführen sollte. 1554 besuchte sie – schwer drangsaliert – wieder eine katholische Messe.

René Boyvin (1525–1598): Johannes Calvin im Alter von 53 Jahren, Kupferstich, 16. Jh. Im Jahr 1536 hielt sich der Reformator einige Zeit am Hof von Ferrara auf.

Einen schweren Einschnitt und Wendepunkt in Olympias Leben brachte 1548 der Tod des Vaters, was dazu führte, dass sie den Ferrareser Hof verlassen musste. Hier hatte sie mit ersten Gedichten zu Homer und Cicero für nachhaltigen Eindruck gesorgt. Allmählich nahm auch der gegenreformatorische Druck der Inquisition zu. 1549 wurde der erste italienische protestantische Ketzer inhaftiert. Nicht zuletzt vor diesem Hintergrund entschloss sich Olympia Italien zu verlassen. Noch am Hof von Ferrara hatte sie den Schweinfurter Arzt Andreas Grundler (1506–1555), einen Freund der Brüder Sinapius, kennengelernt und 1549 geheiratet. Gemeinsam brachen beide mit Olympias achtjährigem Bruder Emilio nach Deutschland auf. Zum Jahresende erreichten sie Schweinfurt, das seit 1542 zur Reformation übergewechselt war und wo Andreas Grundler eine Stelle als Stadtarzt erhielt.

Olympia unterrichtete in dieser Zeit ihren Bruder und die Tochter ihres einstigen Lehrers Giovanni Sinapius in klassischer antiker Literatur sowie in Latein und Griechisch. In der Schweinfurter Zeit begann sie sich selbst in die reformatorischen Schriften zu vertiefen, nachdem sie sich noch in Ferrara dem lutherischen Protestantismus zugewandt hatte. Das gemeinsame Haus in der heutigen Brückenstraße 12 wurde zum

Treffpunkt der geistigen und geistlichen Vertreter der Stadt. Ein neuerlicher Einschnitt brachte die Besetzung Schweinfurts durch Markgraf Albrecht Alcibiades von Brandenburg-Kulmbach (1522/1536–1557). Der zügellos-verwegene Fürst und Bruder der dem Luthertum sehr zugeneigten Kurfürstin Marie von der Pfalz kämpfte trotz protestantischer Erziehung zeitweilig im katholischen Lager. Albrecht Alcibiades' Gegner belagerten und erstürmten Schweinfurt bis Juni 1554. Zwar konnten Olympia, ihr Ehemann und Olympias Bruder Emilio ihr Leben retten, doch verloren sie ihr sämtliches Hab und Gut, darunter Olympias Manuskripte.

Unter großen Strapazen und Beschwernissen flüchteten sie von Schweinfurt über Hammelburg und vermutlich Gemünden. Bereits in Hammelburg war Olympia erkrankt, da sie noch auf dem Schweinfurter Marktplatz ihres sämtlichen Geldes und ihrer Kleider beraubt worden war. Erst bei ihren nächsten Aufenthalten, beim Grafen Philipp von Rieneck in der Nähe von Lohr am Main sowie bei den Grafen Georg und Eberhard von Erbach, konnte Andreas Grundler seine Frau

gesundpflegen. Hier boten ihm die Grafen auch den Lehrstuhl für Medizin in Heidelberg an, den Andreas Grundler dankend annahm. Ende Juli 1554 machte er sich mit der immer noch schwachen Olympia und ihrem 12-jährigen Bruder nach Heidelberg auf. Hier wurde Olympia von dem Gräzisten Jacobus Micyllus eingeladen, griechischen Privatunterricht zu erteilen. 1555 erkrankte Olympia dauerhaft. Zu den Symptomen gehörten hohes Fieber und Erstickungsanfälle, die auf Schwindsucht hindeuteten. Sie verschied am 26. Oktober 1555 mit 28 Jahren an Tuberkulose. Wenige Wochen später folgten ihr auch Grundler und Emilio, die an den Folgen der Pest starben.

Kurz bevor Olympia ihre Augen für immer schloss, schrieb sie noch einmal ihrem alten Freund Curione, dem sie zusätzlich noch ihre Gedichte beilegte, die dieser in Basel veröffentlichen wollte: „Du sollst wissen, mein Caelius, daß mir alle Hoffnung auf ein längeres Leben genommen ist. Alle die Medikamente, die ich gebraucht habe, helfen mir nicht mehr. Von Tag zu Tag, ja von Stunde zu Stunde er-

Matthäus Merian d. Ä. (1593–1650): Südansicht von Schweinfurt, Kupferstich, 1648

warten die unsern nichts anderes, als daß ich von hier ab-
scheide, und ich weiß wohl, daß dies der letzte Brief ist, den
Du von mir erhalten wirst. Ich habe alle Kraft verloren, ich
habe keinen Geschmack an Speisen. Der Husten droht mich
Tag und Nacht zu ersticken. Das Fieber ist heftig und an-
haltend. Schmerzen im ganzen Körper rauben mir den
Schlaf. So bleibt mir nichts anderes, als daß ich den Atem
aushauche […] Ich schicke Dir auf Deine Bitte die Gedichte, die ich nach der Zerstörung von Schweinfurt aus dem
Gedächtnis wiederherstellen konnte. Sei Du mein Aristarch
(der korrigierte Homers Dichtungen) und lege die letzte
Hand daran. Noch einmal, lebe wohl!" (Heinsius: Frauen,
S. 131).

Dank Celio Secondo Curione (1503–1569), des väterlichen
Freundes Olympia Fulvia Moratas', sind die Briefe und Schriften erhalten und drei Jahre nach Olympias Tod zur Veröffentlichung gelangt. Curione publizierte sie unter dem Titel
„Olympiae Fulviae Moratae foeminae doctissimae ac plane
divinae orationes, dialogi, epistolae, carmina, tam Latina quam
Graeca". Mit diesem Werk, das sowohl lateinische wie griechische Reden, Dialoge, Briefe und Gesänge beinhaltet, schaffte
er es, das Wirken seiner Freundin Olympia Fulvia Morata für
die Nachwelt unsterblich zu machen. Ihre erhaltenen Briefe –

Heidelberg, Peterskirche im Jahr 1750 (aus dem Thesaurus Pala-
tinus). Auf dem Kirchhof erhielt Olympia ihre letzte Ruhestätte.

mehr als 50 Stück – sowie einige Gedichte, gelehrte Reden
und ein Dialog sind 1991 in deutscher Übersetzung bei Re-
clam in Leipzig erschienen. Die Originaltexte jedoch liegen
nur in Ausgaben des 16. Jahrhunderts und in einer in Ferrara
1940 bis 1954 erschienenen Edition vor und sind nur schwer
zugänglich.

„Panorama von Heidelberg" – in: Georg Braun; Franz Hogenberg: „Theatrum orbis terrarum", Holzschnitt, 1572

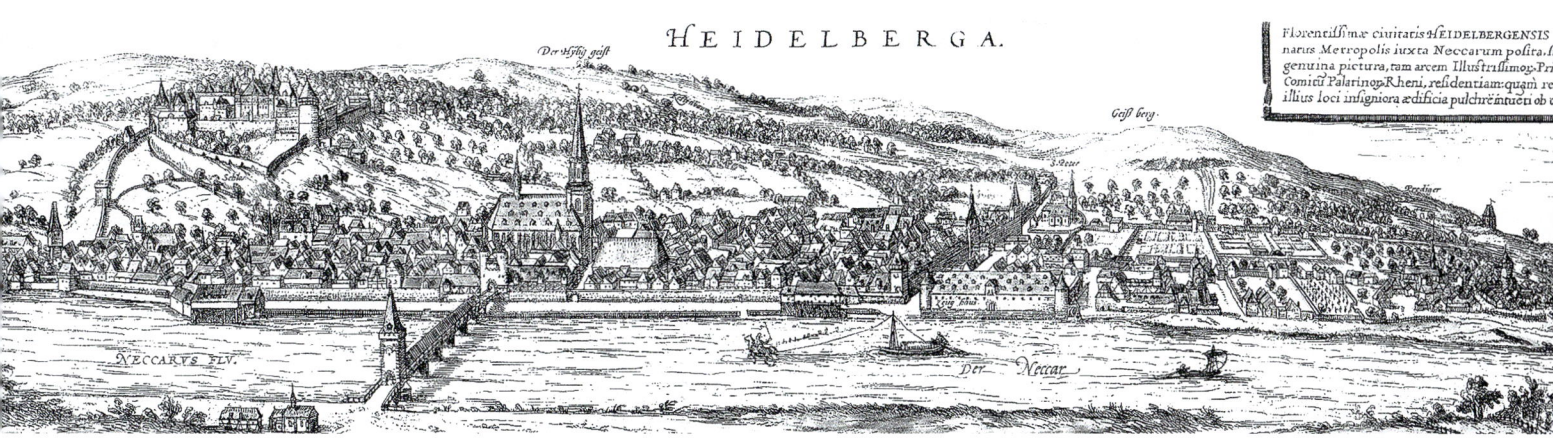

Die Fürstinnen
der Reformation

ELISABETH VON BRANDENBURG

Luthers liebe Gevatterin (1485–1555)

„aus sonderlicher Liebe, Freundschaft und Zuneigung"

Luther nannte sie seine „liebe Gevatterin" – Elisabeth von Brandenburg, die Ehefrau Kurfürst Joachims I. von Brandenburg (1484/1499–1535) und Tochter des Königs Johann von Dänemark, Schweden und Norwegen und dessen Frau Christine. Die Flucht vor ihrem Ehemann aus dem Berliner Schloss ist detailreich beschrieben worden. Ihr „Verbrechen": Sie hatte sich Luthers Lehre zugewandt und Ostern 1527 – in Abwesenheit ihres Mannes – das Abendmahl in beiderlei Gestalt empfangen. Wenn sie auch zunächst als treue Anhängerin des katholischen Glaubens auftrat, so über-zeugte sie sich mehr und mehr von der Richtigkeit der Luther-schen Lehre. Deren Vermittlung geht vermutlich auf Matthäus Ratzenberger (1501–1559) zurück, einen Freund Martin Lu-thers. 1525 hatte sie den Stadtphysikus von Brandenburg zu ihrem Leibarzt und Berater in religiösen Fragen berufen. Rat-zenberger hatte 1516 sein Medizinstudium an der Wittenber-ger Universität aufgenommen, wo er begann, sich mit der re-formatorischen Theologie zu beschäftigen und sich Martin Lu-ther anschloss. Der Ehemann Elisabeths, Kurfürst Joachim I., wird als vielseitig interessiert, aber auch als rücksichtslos cha-

Lucas Cranach d. Ä. (1475–1553): Joachim I. Nestor, Kurfürst von Brandenburg, Öl auf Holz, 1529

Elisabeth Kurfürstin von Brandenburg nach einer zeit-genössischen Illustration

rakterisiert. Die Beinamen „deutscher Cicero" und „deutscher Nestor" weisen auf seine Beredsamkeit in der lateinischen Sprache und die Fähigkeit zu weisen Ratschlägen hin. Die Rücksichtslosigkeit manifestierte sich hingegen in einer strengen, allerdings zeittypisch autokratischen Regierungsweise und Gesetzgebung, der Judenverfolgung und nicht zuletzt in der erbitterten Gegnerschaft zur Reformation. Joachim zeigte sich allen Neuerungen abgeneigt und hielt die hergebrachte kirchliche und fürstliche Autorität für unantastbar. Dazu gehörte, dass er die Hoheit über seine Landesbistümer in Anspruch nahm. Als Gegenleistung für sein Mitwirken beim Wormser Edikt von 1521 gegen Martin Luther wurde ihm das Nominationsrecht über die Landesbistümer von der Kurie bestätigt. 1524 verbot er die Schriften und Bibelübersetzungen Luthers und versagte seinem Vetter Albrecht von Preußen die Anerkennung als erster weltlicher Herzog des vormaligen Ordenslandes. Im Dessauer Bündnis von 1525 verpflichtete er sich gemeinsam mit seinem Bruder Albrecht zur Ausrottung der Ketzerei, der 1527 ein besonderes Edikt gewidmet wurde. Joachims starre Haltung musste zwangsläufig zu Konflikten mit seiner Ehefrau Elisabeth führen. Ihren Bruder Christian II. bestärkte sie in Berlin im gemeinsamen Glauben. 1525 wünschte sie Herzog Albrecht von Preußen Glück darin, sich ‚von dem gefärbten Gleißnerwerk' zu entledigen. Sie bekannte aber auch, dass sie ihres Glaubens wegen von ihrem Mann viel erleiden müsse. So habe er ihr gedroht, sich vor ihm zu hüten, denn er wolle ihr ‚etwas beibringen lassen'. Verflogen war die Zuneigung der ersten 25 Ehejahre, in denen er Elisabeth gleich nach der Eheschließung im April 1502 Schloss, Stadt und Amt Spandau mit allen Rechten übertrug und vier Jahre später den Vertrag „aus sonderlicher Liebe, Freundschaft und Zuneigung, so wir zu Ihrer Liebden tragen" um die Jagdrechte ergänzte. (Bainton: Frauen, S. 121) Natürlich musste sich Joachim I. von seiner Warte aus um die Zukunft der gemeinsamen beiden Söhne Joachim und Johann und der drei Töchter Anna, Elisabeth und Margarete sorgen, von denen die 1510 geborene Tochter Elisabeth in ihrer religiösen Überzeugung der Mutter später folgte. Doch war die Sorge unberechtigt, denn Elisabeth hatte all ihre Kinder im katholischen Glauben erzogen. Das Misstrauen des Ehemannes gipfelte 1533 im Hallenser Bündnis, das vor allem die Söhne dauerhaft zur Aufrechterhaltung des ‚alten loblichen Glaubens' verpflichten sollte. Die Initialzündung gegen die eigene Gattin vorzugehen, bot jenes eingangs erwähnte Abendmahl, dass den Kurfürsten derart erzürnte, dass er fest dazu entschlossen war, sie aufzuhalten. Seine Befürchtung war die, dass Elisabeth als prominentes Mitglied der kurfürstlichen Familie der neuen Bewegung Vorschub leisten könne. Jedenfalls versuchten die aufgeschreckten verwandten Fürsten und die Vertreter der märkischen Stände den Kurfürsten von seinem Vorhaben abzubringen und erreichten, dass

Abraham Begeyn (um 1637–1697) zugeschrieben: Berlin, Ansicht des Schlosses von Südosten mit der Langen Brücke, um 1690

er bis Ostern 1528 zusagte, Nachsicht zu üben und Geduld zu haben wolle, falls sich Elisabeth bis dahin ruhig verhielte. Elisabeth ahnte indes nichts Gutes, da man dem Kurfürsten riet, seine Frau gefangen zu nehmen. Der noch in Berlin weilende Bruder König Christian II. von Dänemark und Elisabeth befanden daher gemeinsam, dass eine Flucht das beste Mittel sei, sich dem Zugriff des Ehegatten zu entziehen. Elisabeths Onkel Herzog Johann von Sachsen hatte sich bereiterklärt, seine Nichte aufzunehmen. Die Gelegenheit zur Flucht war günstig, denn Kurfürst Joachim befand sich auf Reisen und damit außerhalb Berlins, nämlich in Braunschweig. Elisabeth, so wird berichtet, konnte das Schloss durch ein an der Wasserseite ge-

Prettin, Schloss Lichtenburg, Hof

legenes Pförtchen unbemerkt verlassen und erreichte auf einem Kahn das jenseitige Ufer der Spree. Dort erwartete sie ihr Bruder mit einem Wagen und brachte sie nach Torgau.

Der nach Berlin zurückgekehrte Kurfürst Joachim I. forderte Kurfürst Johann von Sachsen auf, seine Frau sofort auszuliefern. Kurfürst Johann war dazu jedoch nur unter der Bedingung bereit, dass der Kurfürstin gestattet würde, einen Prediger nach ihrer Wahl zu nehmen und in ihrem evangelischen Glauben unangefochten zu bleiben. Darauf ließ sich Joachim I. allerdings nicht ein. Zwei Jahre später versuchte Joachim auf dem Augsburger Reichstag, mit kaiserlicher Hilfe die Rückkehr seiner Frau zu erzwingen. Diese lebte abwechselnd in Torgau, Wittenberg und Weimar, ehe Kurfürst Johann Friedrich ihr das Schloss Lichtenburg zum dauerhaften Wohnsitz zuwies. Problematisch gestaltete sich die finanzielle Situation Elisabeths, denn ihr Ehemann hatte sich geweigert, ihr die Einkünfte des Spandauer „Leibgedinges" nach Sachsen zu senden. Außer wenigen Kleidern und Kleinodien, die sie bei ihrer Flucht mitführte, war Elisabeth mittellos und auf die Unterstützung ihrer Verwandten angewiesen – so weit, dass sie Schulden machen musste. Als Joachim I. am 11.7.1535 in Stendal starb, hatten sich beide Ehepartner nicht versöhnt.

Als Elisabeth 1528 zu ihrem Onkel Johann nach Sachsen geflüchtet war, bemerkte dies Martin Luther in einem Brief an seinen Freund, den Prediger am Nürnberger Spital Wenzeslaus Link. Er schieb: „Die Markgräfin ist mit Hilfe ihres Bruders, des Königs von Dänemark, von Berlin entflohen zu unserm Fürsten, weil der Markgraf beschlossen hatte, sie einmauern zu lassen wegen des Sacraments unter beiderlei Gestalt" (Walch: Luthers Schriften, Sp. 1120 f.).

Wann Luthers und Elisabeths erste Begegnung stattfand, ist heute unklar, allerdings deuten seine Briefe und Aufzeichnun-

gen auf eine herzliche und freundschaftliche Beziehung beider hin. Elisabeth fand in Martin Luther ihren persönlichen Berater, der sie bei der Lösung kirchenorganisatorischer Probleme unterstützte und ihr Prediger empfahl. Als Elisabeth 1537 schwer erkrankte, lebte sie zeitweilig im Haushalt des Reformators und wurde von Ehefrau Katharina gepflegt. Diese Zeit scheint schwierig gewesen zu sein, wie aus erhaltenen Briefen Luthers hervorgeht. Die Patientin war ungeduldig und bereits als ‚Markgräfin von Lichtenburg' in manchen Dingen recht anspruchsvoll. Nach dem Tode ihres Gatten verfügte sie wieder über ein kleines Vermögen und bat Luther, sich in der Wahl ihres Predigers an Stelle des Prettiner Pfarrers für sie zu verwenden. In Wittenberg kam Katharina rasch an ihre Belastungsgrenze. „Sie ist ein Kind und bleibt ein Kind", beschrieb ihren Zustand „und ist kein Maß nach Aufhören des Verschwendens und Verschleuderns. Sie hat mir auch zwei Stürzbecher und hundert Goldgulden darinnen geschenkt", bemerkt er wenige Tage später (beide Zitate: Luther WA, Briefwechsel, Bd. 8, S. 138–141 bzw. 143 f.).

Nach dem Tod des Vaters hatte Kurfürst Joachim II. seine Mutter aufgefordert, in die Heimat zurückzukehren. Allerdings machte Elisabeth ihre Rückkehr von der Bedingung abhängig, dass ihr die freie Betätigung ihres lutherischen Bekenntnisses verbürgt würde. Darauf ging Joachim II. nicht ein. So blieb Elisabeth in Lichtenburg unweit von Torgau, wo sie Luther auch besuchte und mit ihr das Abendmahl feierte, was sie mit großer Freude erfüllte. Erst nach dem Übertritt ihres Sohnes zum Protestantismus kehrte Elisabeth nach 17-jährigem Aufenthalt in Sachsen nach Spandau zurück, wo sie noch zehn Jahre lebte und trotz vielfacher Leiden und Gebrechen am politischen Geschehen und der kirchlichen Bewegung regen Anteil nahm. Sie starb am 10. Juni 1555 in Berlin.

Matthäus Merian d. Ä. (1593–1650): Ansicht von Spandau, Kupferstich, 1633

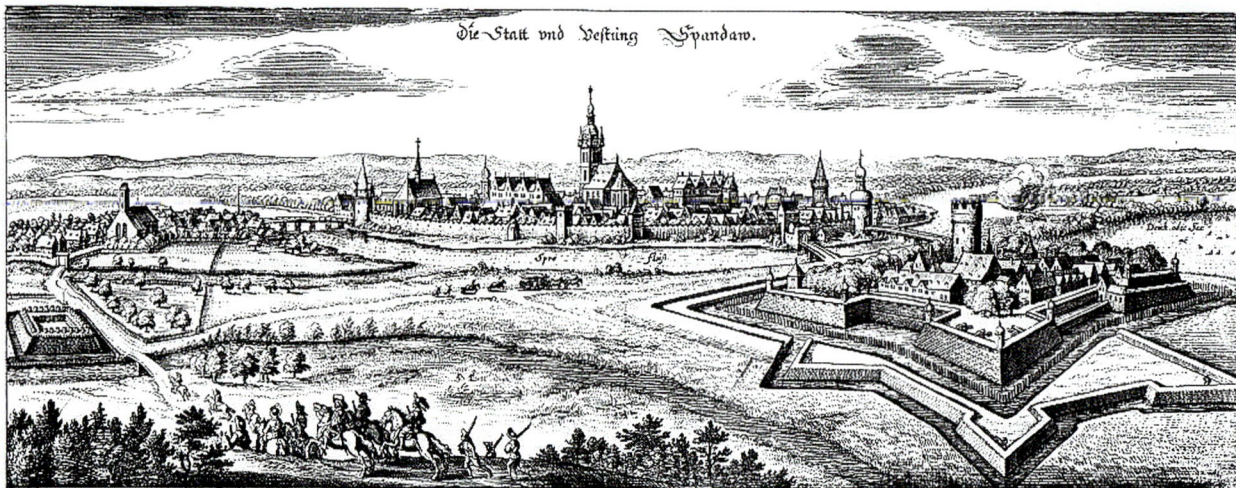

KATHARINA VON MECKLENBURG

Herzogin zu Sachsen (1487–1561)

„allwege hoch gerhumet"

Unter den 28 kunstvoll gefertigten Messingplatten des Freiberger Domes befinden sich auch die von Herzog Heinrich und seiner Frau Katharina. Auf Heinrich zu Sachsen, der den Beinamen „der Fromme" trägt, geht die fürstliche Grablege im Chorraum zurück. Sie entstand mit der Reformation im einstigen Domherrenstift in bewusster Abkehr zum Meißner Dom und betonte zudem die Unabhängigkeit von Dresden, wo Heinrichs Bruder Georg am alten Glauben festhielt.

Die eigentliche „treibende Kraft zur Einführung der Reformation im albertinischen Sachsen" (Werl: NDB, S. 325) war jedoch Heinrichs Ehefrau Katharina. Sie gilt „nach dem Urteil des sächsischen Kurfürst Johann Friedrich als der ,weiseste Rat ihres Gemahls'" (Werl: NDB ebd.).

Geboren worden war Katharina in der ersten Hälfte des Jahres 1487 als jüngste Tochter Herzog Magnus' II. von Mecklenburg (1441/1477–1503) und dessen Frau Sophie, Tochter des Herzogs Erich II. von Pommern-Stettin. Dieser wird als energisch und zielstrebig beschrieben, weil er sein desolates Land in dieser Weise saniert habe. Vermutlich haben Tochter Katharina und ihre sechs Geschwister diese Charaktereigenschaften ihres Vaters geprägt. Während die älteste Tochter Dorothea (1480–1537) als Klarissen-Äbtissin in Ribnitz bis zu ihrem Tod 1537 der Reformation widerstand, heiratete die dritte Tochter Anna (1485–1525) im Jahr 1500 den hessischen Landgrafen Wilhelm II. und gelangte nach dem Tod des Gatten an die Regierung der Landgrafschaft, indem sie die Vormundschaft ihres Sohnes Philipp (1504–1567) übernahm. Schwester Sophia (1481–1503) hatte in ihrem kurzen Leben keine prägende Rol-

Lucas Cranach d. Ä. (1475–1553): Herzogin Katharina von Mecklenburg, Ehefrau Herzog Heinrichs des Frommen, 1514, von Lindenholz auf Leinwand übertragen, Dresden, Gemäldegalerie Alte Meister

le. Sie heiratete 1500 den nachmaligen sächsischen Kurfürsten Johann den Beständigen (1468/1525–1532) und ist Mutter von Johann Friedrich I., dem Großmütigen (1503–1554). Über Kindheit und Jugend Katharinas ist nichts bekannt und ob sie an der Hochzeit ihrer Schwester Sophia in Torgau teilnahm ist ebenfalls unklar. Teilweise fehlerhaften Angaben der Ribnitzer Chroniken zufolge sei Katharina als „eyne schone froychen" (Bräuer: Katharina, S. 30) beschrieben, die anlässlich eines Fürstentreffen und Turniers des Brandenburger Markgrafen Joachim am 24. Februar 1512 in Ruppin „deme eddelen heren hertich Jurgen tho Missen […] thoghesecht" (Bräuer: Katharina, S. 31) worden sei. Statt um Georg kann es sich aber wohl nur um dessen Bruder Herzog Heinrich zu Sachsen handeln, denn Georg war zu diesem Zeitpunkt längst

mit der polnischen Königstochter Barbara verheiratet. Sehr lebendige Aufzeichnungen zu Herzog Heinrich lieferte sein Sekretär Bernhard Freydinger, der auch die Hochzeit des Paares am 6. Juli 1512 beschrieb. Allerdings wollte Heinrich, so Freydinger, offenbar „sein Lebtag kein Eheweib nehmen" (Bräuer: Katharina, S. 31). Mit 39 Jahren heiratete er dann doch die 25-jährige Katharina. Die Hochzeit hat nicht nur Freydinger ausführlich beschrieben, sondern auch Luthers Weggefährte Spalatin. 1514 entstand die älteste bekannte bildliche Darstellung des Herzogs und seiner Frau, gemalt von Lucas Cranach d. Ä. Heute sind es zwei getrennte Gemälde, zudem die ältesten bekannten Ganzfigurenporträts Cranachs.

Aus der Ehe des Herzogspaares gingen sechs Kinder hervor: Sibylle (1515–1592), Aemilia (1516–1591), Sidonie (1518–

Freiberg, Dom, Blick zum Chor

1575), Moritz (1521–1553), Severin (1522–1533) und August (1526–1586). Während Sibylle 1540 Herzog Franz I. von Sachsen-Lauenburg (1510–1581) heiratete, deren Verbindung für ihren Bruder Moritz im Schmalkaldischen Krieg bedeutungsvoll wurde, widmete sich Mutter Katharina 1533 sehr der Tochter Aemilia, die sie mit dem Ansbacher Markgrafen Georg (dem Frommen) lutherisch vermählte. Aemilia wurde zugleich Tante der ebenfalls der Reformation zugewandten nachmaligen Kurfürstin Marie von Brandenburg-Kulmbach. Tochter Sidonie wurde als Ehefrau Erichs II. zu Braunschweig Lüneburg (1528–1584) gleichsam zur Schwiegertochter Elisabeths von Braunschweig.

Vermutlich blieben die Aktivitäten der Herzogin durch die enge Abfolge ihrer Schwangerschaften für mehr als ein Jahrzehnt eingeschränkt. Seit Ende 1523 aber begann sie sich für Luthers Lehren zu interessieren. Dies erfolgte damals noch heimlich, denn ihr Hofmeister war ein Aufpasser des antilutherischen Schwagers Georg in Dresden. Der wachte auch streng über die finanzielle Ausstattung der brüderlichen Hofhaltung in Freiberg. Georg vertrat die Auffassung, dass man in Freiberg ,unordentlich Hof hielte' und in Dresden sparsamer haushalte.

Ähnlich konsequent versuchte Katharinas Ehemann vorzugehen, als er im Sommer 1523 drei Hofjungfrauen aus dem Frauenzimmer Katharinas verwies, weil sie die Schriften Martin Luthers gelesen hatten. Doch habe Katharina, so Anne-Simone Knöfel, mit ihren konsequenten Bemühungen um eine Verbreitung des neuen Glaubens bei ihrem Gatten nach längerer Zeit ein Umdenken erreicht. So sei 1531 von ihm der Wunsch überliefert, eine Predigt von Luther selbst zu hören. „Stück für Stück gelang Katharina eine Vergrößerung ihres Einflussbereiches, was auch die Vermählung ihrer Tochter mit dem protestantischen Markgrafen von Brandenburg, Georg ,dem Bekenner' [dem Frommen, H. E.], unterstreicht. Schließlich gewann sie mit Hilfe Martin Luthers ihren vorsichtigen Gemahl für den neuen Glauben und führte mit ihm im Freiberger Ländchen die Reformation ein [...] Dementsprechend kann Katharina von Mecklenburg, die von sich sagte, sie wolle ,an Christus kleben wie eine Klette am Rock', ein wesentlicher Beitrag bei der Durchsetzung der Reformation in Sachsen zugesprochen werden." (Knöfel: Dynastie, S. 107) Bereits im Mai 1525 hatte sie ihrem Neffen Kurprinz Johann Friedrich ihre evangelische Gesinnung gestanden. Stärkend für die evangelische Bewegung im Freiberger Gebiet erwies sich der 1532 von Katharina angestellte Dominikaner Georg Schumann. Für ihren Ehemann arrangierte sie es in der Weise, „daß er in Torgau und Wittenberg Luther selbst predigen hörte, und hatte ihn nach 12 Jahren eifrigster Bemühungen 1536 so weit, daß er Erlaubnis zum evangelischen Gottesdienst gab." (Werl: NDB, S. 325) Luther seinerseits führte einen regen Briefwechsel mit Freiberger Patriziern, die

einen evangelischen Gottesdienst wünschten. Nun bat Katharina den Kurfürsten Johann Friedrich um einen guten evangelischen Prediger und erhielt auf Luthers Rat hin Jakob Schenk. Er trat zum 1. Juli 1536 das Amt des Hofpredigers und Kaplans der Herzogin an. Dabei verstand er es, ihre Gunst zu erwerben. Nachdem Katharina erstmals 1533 das Abendmahl in neuer Gestalt genommen hatte, gewährte Herzog Heinrich zu Michaelis 1536 dem Freiberger Rat freie Religionsausübung. Am Neujahrstag 1537 predigte Schenk erstmals im Freiberger Dom und reichte das Abendmahl nach lutherischer Art in beiderlei Gestalt: Brot und Wein. Dies gilt als Bekenntnis des Freiberger Hofes zur Reformation. Der eigentliche Einführungsgottesdienst der Reformation im Herrschaftsgebiet Heinrichs fand zum Trinitatisfest am 27. Mai 1537 statt. Ihm folgten zwei Visitationen. Bei der ersten im Jahr 1537 hatte der zum „Obersuperattendenten" ernannte Jakob Schenk durch seinen Hochmut und seine Streitsucht Luthers Missfallen erregt und die Reformation in Freiberg ernstlich gefährdet. Schenk beigeordnet waren Katharinas persönlicher Günstling, der Rat Anton von Schönberg, und der Freiberger Bürgermeister. Schönberg hatte zuvor als Rat in Herzog Georgs Diensten gestanden. Als dieser jedoch von dessen lutherischer Gesinnung hörte, entließ er ihn. Kurfürst Johann Friedrich aber stellte ihn im Mai 1535 dem Freiberger Hof zur Verfügung und unterstützte damit bewusst die Reformation. Die zweite Visitation 1538 fand ohne Schenk statt und wurde von Spalatin, Justus Jonas und dem Zwickauer Superintendenten Leonhard Beyer durchgeführt.

Bereits im Januar 1537 hatte Katharina, angeregt durch den Kurfürsten, den Antrag zur Aufnahme in den Schmalkaldischen Bund vermittelt. Heinrich wurde mit seinem Sohn Moritz in den Hauptvertrag aufgenommen. Die Aufnahme sollte Heinrich vor dem Protest seines Bruders schützen. Georg versuchte allerdings noch im Herbst 1538 Heinrich für die Ziele der katholischen Liga zu gewinnen, indem er ihn mit Versprechungen und Angeboten auf seine Seite zu ziehen suchte. Konkret versprach er ihm die Beglcichung seiner sämtlichen Schulden, das Heiratsgeld für die Tochter und die Herrschaft Penig.

Das Einlenken verdankte Heinrich der Tatsache, dass Georgs Kinder Johann und Friedrich verstorben waren und die Nachfolge nach dem Tod des Bruders an ihn fallen würde. Dieser Umstand trat 1539 tatsächlich ein, als Heinrich 66-jährig die Herrschaft über das gesamte Herzogtum antrat. Unter Heinrichs Regierung wurde nun der von seiner Frau initiierte Protestantismus lutherischer Prägung zur sächsischen Staatsreligion. Das ging so weit, dass Religionsverweigerer nun des Landes verwiesen oder inhaftiert wurden. Die neue Haltung des Herzogs manifestierte sich auch in der Familie und vor allem gegen die Pläne seiner Frau. Als Katharina ersann, ihren Sohn Moritz mit einer Tochter König Ferdinands zu vermählen, erhielt sie von diesem nur eine ausweichende Antwort, während ihr Ehemann Heinrich die mögliche Ehe aus Glaubensgründen ablehnte. Zum Pfingstfest am 25. Mai 1539 fand in Leipzig die Feier zur Einführung der Reformation in allen albertinischen Landesteilen statt. Heinrich und seine Familie sowie Kurfürst Johann Friedrich nebst Frau und Bruder nahmen ebenso daran teil wie Melanchthon, Cruciger, Jonas, Myconius und Luther. Mit ihm hatte Katharina in Leipzig ein ausführliches Gespräch, dem am 28. Juli 1539 ein eindringlicher Brief Luthers an Katharina folgte. Hierin ersuchte er sie um die energische Durchführung der Visitation. Die Landesherrin nahm zeitweilig daran teil und trat dabei für die Anstellung von Geistlichen ein. Heinrich selbst trennte seine Huldigungsreise von der Visitationsreise, wobei er bereits auf der Huldigungsreise seinen Hofprediger Lindenau evangelisch predigen ließ. Im Zuge der Reformation ersetzte die so genannte „Heinrichs Agende" die bisherige kursächsische Gottesdienstordnung und blieb über zwei Jahrhunderte hinweg verbindlich.

Kurz bevor er 1541 starb und als erster Wettiner im Freiberger Dom bestattet wurde, hatte Heinrich seinen Sohn zum Mitregenten erklärt. Moritz von Sachsen folgte dem Vater. Mutter Katharina erhielt Schloss Wolkenstein im Erzgebirge als Witwensitz. Doch darüber kam es zwischen Sohn und Mutter zu Differenzen, die in der Weise gelöst wurden, dass Katharina an Stelle Wolkensteins je ein Wohnhaus in Freiberg, Dresden und Torgau erhielt und nun ständig zwischen allen drei Orten hin und her pendelte. Sie besuchte nun auch ihre Verwandten, widmete sich den Familien ihrer Kinder und bemühte sich um die kirchlichen Verhältnisse in den Ländern der Schwiegersöhne. Auch förderte sie mittellose Studenten während ihrer jeweiligen Predigerausbildung. Einer von ihnen namens Andreas Lucas aus Altenburg widmete ihr 1551 als nunmehriger Diaconus in Neustadt bei Pirna sein Bibeldrama „Ein schone//vnd trostliche Comoedia/ // in Reim weis gestellet/ wie // Abraham seinen Son [sic!] Isaac/ aus// Gottes befelh /zum Brand=// opffer opffern sollte" (Bräuer: Katharina, S. 46). Neben dem Grund der Dankbarkeit nannte Lucas weiterhin, dass die Herzogin „allwege hoch gerhumet [allzeit hoch gerühmt] vnd beschrien (oder beruffen) das sie Gottfurchtig/ Christlich/ vnd eine sonderliche liebhaberin vnnd forderin Gottes wortes gewesen vnd noch ist" (Bräuer: Katharina, S. 46). Katharina hinterließ eine große Bibliothek reformatorischer Schriften. „Trotz mancher Widersprüche ihres komplizierten Charakters darf man nicht an der Echtheit ihrer evangelischen Gesinnung zweifeln. Sie hat die Reformation im albertinischen Sachsen angeregt, eingeleitet und schützend überwacht." (Werl: NDB, S. 326)

Wolkenstein/Erzgebirge, Blick von Südwesten auf das Schloss

ELISABETH VON HESSEN

(1502–1557)

„Gott wertz wol machen"

Elisabeth von Hessen, die nach ihrem ersten Witwensitz vor allem als Elisabeth von Rochlitz bekannt wurde, gehört zu den einflussreichsten und prägnantesten Fürstinnen der Reformationszeit. Als hessische Landgrafentochter kam sie 1519 nach Sachsen, wo sie mit ihrem Schwiegervater Herzog Georg dem Bärtigen auf einen der großen Gegner Martin Luthers traf.

Schon 1515 – Elisabeth war kaum 13 Jahre alt – hatte die Verlobung mit dem vier Jahre älteren Johann von Sachsen stattgefunden (8. März). Die Ehe war von langer Hand vorbereitet und geplant worden, denn bereits im Alter von drei Jahren hatten Elisabeths Vater Landgraf Wilhelm II. (der Mittlere) von Hessen (1469–1509) und sein Cousin Herzog Georg (der Bärtige) von Sachsen (1471–1539) die Ehe zwischen Elisabeth und dem vier Jahre älteren Johann beschlossen. Dazu aber musste der Papst einen Dispens erteilen, denn beide Brautleute waren im vierten Grad verwandt. Der Ehevertrag beinhaltete bereits Festlegungen über eine eventuelle Witwenschaft Elisabeths, wobei Rochlitz als Witwensitz mit 55 000 Gulden Wertanschlag festgelegt wurde. Elisabeth lebte jedoch zunächst weiterhin bei ihrer Mutter in Kassel. 1516 fand in Marburg das Beilager statt, dem am 7. Juni 1519 die Hochzeit in Kassel folgte.

Am 4. März 1502 hatte Elisabeth als erstes Kind des Landgrafen Wilhelm II. von Hessen und seiner Ehefrau Anna, Herzogin von Mecklenburg, im Marburger Schloss das Licht der Welt erblickt. 1505 wurde Bruder Philipp geboren, der zur entscheidenden Bezugsperson in Elisabeths Leben werden sollte. Noch auf dem Sterbebett hatte Landgraf Wilhelm seine beiden Kinder verpflichtet, füreinander da zu sein. Nach dem Tod Wilhelms II. entschieden die hessischen Stände über die Zukunft der Kinder. Dazu entzogen sie der Mutter die Erziehung ihres Sohnes Philipp. Damit wurden die testamentarischen Verfügungen des Vaters missachtet und Mutter und

Elisabeth von Hessen, zeitgenössische Porträtmedaille

Kinder gerieten in Abhängigkeit eines fünfköpfigen Rates unter dem Vorsitz des Landhofmeisters Ludwig von Boyneburg zu Lengsfeld. Mutter Anna und die Kinder gerieten unter Vormundschaft, schlimmer noch: Die Familie wurde getrennt. Mutter Anna und Tochter Elisabeth lebten fortan in Gießen, wo Anna ein Wittum zugewiesen wurde, Sohn Philipp stand unter der Erziehung von Boyneburgs und blieb in Kassel. Die Stände kamen ihren Verpflichtungen nicht nach, für Unterhalt und Kleidung Elisabeths zu sorgen. So konnte Anna ihre Tochter 1512 nicht am Dresdner Hof einführen, da der dafür notwendige Damast für die Kleidung nicht bereitgestellt wurde. Infolge ‚ärmlicher Kleidung' blieb Elisabeth in Gießen zurück. Erst ab 1514 lebten die Geschwister wieder gemeinsam auf dem Marburger Schloss. Der Marburger Kirche fühlte sich Elisabeth besonders verbunden, zumal sich die Grabstätte ihrer Namenspatronin, der heiligen Elisabeth, in Marburg

Dresden, Residenzschloss

Matthäus Merian d. Ä. (1593–1560): Landgraf Philipp I. – der Großmütige – von Hessen, Kupferstich, 17. Jh.

befindet. Bereits im jungen Alter nahm sie sich getreu dem großen Vorbild vor, einmal Wohltäterin der Armen zu werden. Und zeitlebens blieb sie diesem Vorsatz treu.

Am Dresdner Hof wurde Elisabeth nach 1519 mehr und mehr angefeindet, vor allem als sie sich nach 1526 Luthers Lehre zuwandte. Meinungsverschiedenheiten mit dem Schwiegervater Herzog Georg blieben jedoch nicht aus, vor allem hinsichtlich Elisabeths Weigerung, täglich die Frühmesse zu besuchen. Nach ihrer Ansicht erkannte man einen frommen Christen daran, dass er im Herzen gut ist und Gottes Gebote einhält. Der Kampf begleitete sie hier wie zuvor in Gießen und Kassel – nun für ihre Selbständigkeit gegen Herzog Georg den Bärtigen und die Hofbeamten. Problematisch gestaltete sich die Einsetzung einer Hofmeisterin. Sie sollte Elisabeths Erziehung lenken. Doch die eigenwillige Elisabeth verfolgte eigene Pläne und die Hofmeisterin suchte die noch vorhandene Eintracht zwischen Elisabeth und ihrem Schwiegervater gänzlich zu zerstören, etwa durch den Vorwurf ehelicher Untreue. Ein Problem bildete die Kinderlosigkeit des Paares, die bei Elisabeth mit zunehmendem Druck am Hof zu chronischer Schlaflosigkeit führte. Dennoch zeichnete sie sich hier durch ihr ausgleichendes Wesen und ihr diplomatisches Geschick aus. Beispielsweise sorgte sie für den Familienfrieden zwischen ihrem Bruder Philipp und der Mutter, als diese beschlossen hatte, ein zweites Mal zu heiraten. Philipp war dagegen – Elisabeth vermittelte. 1523 heiratete ihr Bruder Philipp Georgs Tochter Christine – auch eine Vermittlung der Schwiegertochter des Herzogs. Philipp war es wiederum, der Elisabeth mit dem Luthertum bekanntmachte, denn er war damals bereits ein begeisterter Anhänger Martin Luthers. Auch Herzog Georgs jüngerer Bruder Herzog Heinrich „der Fromme" hatte bereits 1526 in Freiberg eine freie Religionsausübung zugelassen und auch die Thüringer Verwandten der Ernestiner hatten sich Luthers Lehre geöffnet. Demgegenüber blieb Herzog Georg dem Katholizismus verhaftet.

Gemeinsam mit ihrem Bruder Philipp versuchte sie vergeblich, Herzog Georg für Luthers Lehre zu gewinnen. Stattdessen verbot er seiner Schwiegertochter den Umgang mit dem Luthertum. Elisabeth stellte sich aber entschieden gegen diese Anweisungen, so dass der Herzog nachgeben musste und ihr ihren Willen ließ.

Eine Versöhnung zwischen Herzog Georg und Elisabeth erfolgte erst im Jahr 1534, als Georg innerhalb von nur wenigen Tagen Ehefrau und Tochter verlor, was er als ‚Strafe Gottes' ansah. Bis zum Tod ihres Mannes Johann 1537 erlebte Elisabeth drei schöne Jahre am Dresdner Hof, vor allem als Georgs Neffe Moritz nach Dresden kam und sich Elisabeth für seine Erziehung einsetzte und verantwortlich fühlte. Nach dem plötzlichen Tod Herzog Johanns am 11. Januar 1537 ertrotzte sich Elisabeth die ihr bei der Hochzeit als Wittum zugestandenen Ämter Rochlitz mit der Stadt und dem Schloss, Mittweida und Geithain sowie Kriebstein mit Waldheim und Hartha, wo sie wiederum gegen den Willen Herzog Georgs mit ihrem Mandat vom 2. Dezember 1537 umgehend die Reformation einführen ließ. Noch im Frühjahr entsandte Elisabeths Bruder Philipp von Hessen den evangelischen Prediger Johann Schütz zu seiner Schwester. Diese trat nun offen für die Besetzung von Pfarrstellen mit lutherisch gesinnten Theologen ein. Nun führte sie den später weithin bekannten Namen „von Rochlitz". Bereits am 10. Dezember 1537 trat der von Kurfürst Johann Friedrich vermittelte Prediger Anton Musa seine Stelle in Rochlitz an. Er dürfte seine erste noch inoffizielle Probepredigt in der Schlosskirche gehalten haben.

Unter der Devise ‚Gott wertz wol machen' verwaltete Elisabeth den neuen Besitz und führte einen kleinen Hofstaat. Er bestand aus ihrem Hofmarschall Heinrich von Bünau, einem Amtmann, einem Kammermeister und zwei Sekretären sowie 15 Jungfrauen. Von den zahlreichen Baumaßnahmen in Schloss Rochlitz erinnert bis heute die Herzoginstube an ihren Aufenthalt. Allerdings war Elisabeth auch in Bauangelegenheiten auf die Genehmigung des Landesherrn angewiesen. Bei einer Überprüfung der Finanzlage in ihrem Amt deckte sie Veruntreuungen des vorherigen Amtmannes auf. Durch Beeinflussung der Lebensmittelpreise sowie den von ihr wieder eingeführten Bleichzwang konnte sie die Einkünfte ihrer Ämter auf mehr als das Doppelte steigern. Im Sinne kluger Familienpolitik verheiratete sie ihren Neffen Moritz von Sachsen, als dessen Ratgeberin sie wirkte, mit Agnes, Tochter ihres Bruders Philipp von Hessen. Von 1538 an erzog Elisabeth in Rochlitz die Tochter ihres Bruders Philipp namens Barbara, die spätere Herzogin von Württemberg-Mömpelgard.

Als Herzog Georg 1539 gestorben war, blieb das Verhältnis Elisabeths zu den regierenden, nunmehr lutherischen Albertinern, Herzog Heinrich dem Frommen und ihrem Neffen Moritz nicht völlig spannungsfrei. Herzog Moritz übernahm aber wieder Georgs kaiserfreundliche Räte, die alles versuchten, ihn für die kaiserliche Seite zu gewinnen. 1531 war der Schmalkaldische Bund protestantischer Fürsten unter der Führung Kursachsens und Hessens gegen die Regierungspolitik Kaiser Karls V. gegründet worden. Ihm trat Elisabeth 1538 bei und versuchte, Herzog Moritz auf ihre Seite zu ziehen. Und als ein Streit zwischen den sächsischen Vettern Kurfürst Johann Friedrich und Herzog Moritz drohte, da versuchte Elisabeth durch umfangreiche Korrespondenz an beide Herrscher den Konflikt zu schlichten. Mehr als 2 000 Briefe sind von ihr erhalten, die Elisabeth bis heute zu einem Glücksfall für die Forschung machen.

Rochlitz, Schloss

Bernaert van Orley (um 1491–1542): Porträt Kaiser Karls V. (1500–1558), Öl auf Holz, nach 1515

65

Schmalkalden, Hessenhof

Marburg/Lahn, Elisabethkirche

1543 tauschte sie auf albertinischen Druck hin ihr Amt Kriebstein mit Hartha und Waldheim gegen die im heutigen Thüringen gelegenen Ämter Dornburg und Camburg ein. Während des Schmalkaldischen Krieges besetzte der kaisertreue Markgraf Albrecht Alcibiades von Brandenburg-Kulmbach Anfang 1547 Rochlitz. Bereits am 2.3. konnte Kurfürst Johann Friedrich von Sachsen das Schloss im Handstreich zurückgewinnen und Elisabeth befreien. Vor den Kriegswirren wich sie nun zunächst nach Dornburg und schließlich nach Kassel aus, von wo aus sie nach der Gefangensetzung ihres Bruders Einfluss auf die hessische Politik zu nehmen suchte. Unter dem Vorwurf des Hochverrats zog derweil Kurfürst Moritz noch 1547 das Rochlitzer Wittum ein. Erst 1549 erlangte Elisabeth mit Moritz einen Vergleich, in dem sie für ein Jahrgeld von 7.000 Gulden endgültig auf Rochlitz verzichten musste.

Elisabeths politische Ambitionen stießen in Kassel zunehmend auf Ablehnung, so dass sie sich 1548 zurückzog und den hessischen Anteil an Stadt und Amt Schmalkalden für ausstehende Schulden in Höhe von 15.000 Gulden erwarb. Seit Herbst 1548 lebte sie im Hessenhof in Schmalkalden. 1556 erkrankte Elisabeth schwer, woraufhin ihr Bruder in Schmalkalden die erste Apotheke in der Stadt einrichten ließ. Sie starb schließlich am 6. Dezember 1557 in Schmalkalden und wurde in der Marburger Elisabethkirche bei ihrer großen Namenspatronin beigesetzt.

ELISABETH VON BRAUNSCHWEIG

(1510–1558)

*„Zuvörderst ist mir Jesus Christ /
Allzeit gewest das höchste Gut"*

Gleich zwei Frauen, Mutter und Tochter, beide mit dem Vornamen Elisabeth, setzten sich für Luthers Lehren ein: Die Mutter Elisabeth von Brandenburg gilt als Luthers „liebe Gevatterin" und flüchtete aus Glaubensgründen vor ihrem Mann nach Sachsen. Die gleichnamige Tochter gilt als ‚Reformationsfürstin', die zusammen mit dem hessischen Reformator Antonius Corvinus die Reformation im heutigen Südniedersachsen durchsetzte.

Elisabeth von Brandenburg, die nachmalige Herzogin von Braunschweig-Calenberg-Göttingen, wurde am 24. August 1510 auf der Spree-Insel Cölln – der heutigen Berliner Schlossinsel – als drittes Kind und zweite Tochter des Kurfürsten Joachim I. von Brandenburg-Hohenzollern (1484/1499–1535) und dessen Ehefrau Elisabeth von Dänemark (1485–1555) geboren. Als sie sieben Jahre alt war, „schlug" Martin Luther seine 95 Thesen an die Wittenberger Schlosskirche und wandte sich darin gegen die Missstände in der Kirche. Elisabeth aber wurde ganz im Sinne der katholischen Kirche erzogen und erhielt eine humanistische Ausbildung. Im Alter von fünfzehn Jahren heiratete Elisabeth am 7. Juli 1525 in Stettin den vierzig Jahre älteren, verwitweten Herzog Erich I. von Braunschweig-Lüneburg (1470–1540), der im Fürstentum Calenberg-Göttingen regierte. Die Ehe wird trotz des für die Frühe Neuzeit nicht unbedeutenden Altersunterschiedes als glücklich bezeichnet. Aus ihr gingen vier Kinder hervor: Elisabeth (1526), Erich (1528), Anna Maria (1532) und Katharina (1534). Bei einem Besuch ihrer Mutter in Schloss Lichtenburg bei Torgau lernte Elisabeth 1534 Martin Luther persönlich kennen. Von 1538 an standen beide in regelmäßigem Briefkontakt. Am 7. April 1538 empfing auch Elisabeth das Abendmahl in beiderlei Gestalt – wie ihre Mutter 1527 – und bekannte sich damit öffentlich zum lutherischen Glauben. Anders als ihr Vater Joachim I. verhielt sich Herzog Erich I. beim Übertritt Elisabeths zum evangelischen Glauben tolerant.

Elisabeth von Braunschweig-Lüneburg, Holzschnitt, Darstellung in der „Mündener Kirchenordnung von 1542"

Als weit weniger tolerant zeigte sich Elisabeth einige Jahre zuvor, als aus der als eher harmonisch beschriebenen Ehe 1533 ein handfester Konflikt erwuchs. Der Grund dafür war: Anna von Rumschottel, die frühere Mätresse ihres Mannes. Elisa-

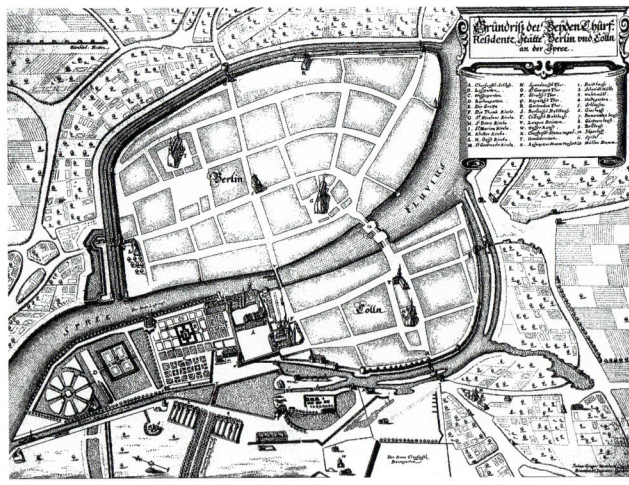

Johann Gregor Memhard[t] (1607–1678): „Grundriß der Beyden Churf: Residentz Stätte Berlin und Cölln an der Spree" Kupferstich, 1652

Erich I. zu Braunschweig-Lüneburg mit seiner zweiten Frau Elisabeth von Brandenburg, Öl auf Leinwand, um 1530

beth lag nach der Geburt ihrer Tochter Anna Maria schwer erkrankt im Wochenbett. Dabei bezichtigte sie Anna von Rumschottel der Zauberei und ließ sie als Hexe verfolgen. Die vermeintlichen Helfershelferinnen der Geliebten ihres Mannes fanden den Tod als Hexen auf dem Scheiterhaufen. Am Ende erreichte Elisabeth, dass ihr Leibgedinge vergrößert wurde und neben dem Amt Calenberg im Unterwald mit Schloss Calenberg, Neustadt und Hannover nun auch Münden, Northeim und Göttingen samt dem Oberwald umfasste. Bainton deutete diese territoriale Vergrößerung des Leibgedinges als Grundlage für Elisabeths stärkere politische Position in der Folgezeit. (vgl. Bainton: Frauen, S. 135)

Als Erich I. 1540 verstorben war, übernahm seine Witwe – territorial gestärkt – trotz erbitterten Widerstands ihres katholischen Neffen Heinrich d. J. von Braunschweig-Wolfenbüttel gemeinsam mit Philipp von Hessen die vormundschaftliche Regierung für ihren unmündigen Sohn. Erich hatte statt dessen testamentarisch ein vormundschaftliches Kollegium vorgesehen, das aus Heinrich d. J., aber darüber hinaus auch den beiden protestantischen Fürsten Philipp von Hessen und Joachim II. von Brandenburg-Hohenzollern, der Bruder Elisabeths, bestehen sollte.

Ihre Zeit als Regentin war von vielen Schwierigkeiten geprägt: Dazu gehörten die von ihrem Ehemann verursachte Schuldenlast des Landes und die Vorurteile derer, die ihren vormundschaftlichen Anspruch auf die Herrschaft nicht anerkennen wollten. Ihr großes Anliegen, die Durchführung der Reformation, setzte sie zielstrebig um und wurde dabei von dem Theologen und vormaligen Witzenhäuser Pfarrer Antonius Corvinus (1501–1553) hilfreich unterstützt. Er wurde von Elisabeth zum ersten (Landes-)Superintendenten des Fürstentums mit Sitz in Pattensen ernannt. Damit legte sie zugleich einen der Grundsteine für die Entstehung der nachmaligen hannoverschen Landeskirche. Zudem setzte sie eine Reihe sozialer und politischer Reformen durch und schöpfte damit ihre gestalterischen Möglichkeiten als Regentin auf Zeit voll aus. Corvinus, der an der von Landgraf Philipp gegründeten Marburger Universität den Magistergrad erworben hatte, pflegte persönliche Kontakte zu Luther und Melanchthon. 1542 verfasste er in Elisabeths Auftrag die Calenberger Kirchenordnung für ganz Calenberg-Göttingen. Dieser stellte Elisabeth ein selbst verfasstes Vorwort voran. Darin betonte sie, dass sie die Reformation nicht aus Neuerungssucht einführe, sondern, um Gottes Wort ,rein und lauter' zu predigen. Auch beklagte sie die Missstände, dass niemand etwas vom rechten Gebrauch des Abendmahls, der Taufe oder der Rechtfertigung vor Gott gewusst habe. Auch sei die Vergebung der Sünden gegen Geldleistung verkauft worden. Die Kirchenordnung ziert ein Porträt Elisabeths mit Amtskette und federbesetztem Hut. Auf dem Höhepunkt ihrer Macht

Matthäus Merian d. Ä. (1593–1650): Ansicht von Hannoversch Münden, Kupferstich, 1650

wurde sie später als „Reformationsfürstin" bekannt. Der Kirchenordnung folgte vom 17. November 1542 bis zum 30. April 1543 eine gründliche Kirchenvisitation, an der Elisabeth auch persönlich teilnahm. Eine Klosterordnung vom 4. November 1542 regelte die evangelische Umgestaltung der Klöster. 1544 wurde eine Hofgerichtsordnung erlassen, um auch die Rechtsverhältnisse im Lande zu ordnen. Im gleichen Jahr begann Elisabeth mit ihrem Sendbrief an die Untertanen. Sie gehört zu den „produktivsten deutschsprachigen Schriftstellerinnen der Frühen Neuzeit" (Domröse: Frauen, S. 107). Ihr lyrisches und didaktisches Werk entstand innerhalb von rund zwölf Jahren und besteht aus einer Anzahl belehrender Texte und einer Sammlung geistlicher Lieder, politischen Traktaten und Briefen. Im genannten Sendbrief beklagte sie sich über den Widerwillen des Volkes gegen die evangelische Lehre und rief es zur Besserung im Glauben auf. Der Text wurde 1545 mit einer Vorrede von Antonius Corvinus veröffentlicht.

Zu ihren wertvollen Beratern gehörte zudem ihr Leibarzt Burkhard Mithoff, der ebenfalls in Marburg studiert hatte und lehrte. Hier lernte er auch Corvinus kennen. Beide, sowohl Mithoff als auch Corvinus, setzten sich auf Anraten Melanchthons für die Berufung des Juristen Justus von Walthausen an den Mündener Hof ein. Der hatte in Wittenberg studiert und dort Luther und Melanchthon kennengelernt. In einer persönlichen Empfehlung Luthers an die Herzogin beschrieb er den Juristen als ‚ein fein, gelehrt, geschickt, fromm Mensch, dergleichen man nicht viel findet'. Daraufhin wurde Walthausen zum fürstlichen Rat und späteren Kanzler ernannt. Der Brief Luthers an Elisabeth war nicht der erste. Be-

Herzog Albrecht von Preußen (1490–1568), Grafik, 1863

reits 1538 ließ sie Luther eine Sendung mit dem vorzüglichen Mündener Schafskäse und Wein zukommen, der sich dafür bedankte und ihr Pflanzen von Feigen- und Maulbeerbäumchen sowie eine deutsche Bibel mit persönlicher Widmung übersandte. Der Hofrichter Justinus Gobler und der Magister Heinrich Campe komplettierten die Gruppe, mit deren Hilfe die Fürstin ihr Reformationswerk durchsetzen wollte.

Familiär allerdings durchkreuzte ihr Sohn manchen Plan der Mutter. So etwa heiratete er nicht die bereits im Kindesalter versprochene Tochter des hessischen Landgrafen Philipp Anna von Hessen, sondern entschied sich für die allerdings ebenso lutherisch gesinnte Sidonie, die Schwester des Herzogs und nachmaligen Kurfürsten Moritz von Sachsen. Auf Drängen ihres Sohnes löste Elisabeth die Verlobung mit dem befreundeten hessischen Hof, so dass Erich d. J. am 17. Mai 1545 die zehn Jahre ältere Sidonie heiraten konnte.

Als Erich d. J. im gleichen Jahr die Herrschaft übernahm, überreichte ihm die Mutter ein handschriftliches Regie-

Schleusingen, Stadtkirche

rungshandbuch mit religiösen und politischen Ermahnungen. Erst gegen Ende des 19. Jahrhunderts erschien der Text als Veröffentlichung. Als drittes Werk Elisabeths entstand 1550 nach der Hochzeit der Tochter Anna Maria mit Herzog Albrecht von Preußen (1490–1568) ein Ehestandsbuch. Darin wurde Anna Maria nach traditionellem Muster über die Rolle und die Pflichten einer Ehefrau und Fürstin ermahnt, ebenso aber an ihre Rechte als Mutter und Gattin erinnert. Im selben Jahr verfasste die Herzogin ein Gebetbuch, dessen Text 1551 mit einem Vorwort des Königsberger Reformators Andreas Osianders (1498–1552) durch Albrecht von Preußen ohne konkreten Verfassernamen als Druck erschien. As letztes Werk verfasste Elisabeth bis 1556 ein so genanntes Witwentrostbuch, das im Jahre 1556 erstmals erschien und zwischen 1571 und 1609 viermal neu aufgelegt wurde.

Als Elisabeth mit ihrem 16-jährigen Sohn Erich in Wittenberg weilte und ihn Martin Luther vorstellte, da äußerte der Reformator in einem Brief an Corvinus: „[...]denn man sich befürchten muss, wo der junge Fürst mit unsern Widersachern viel Gemeinschaft haben würde, durch derselben großes Ansehen er leichtlich zum Abfall könne getrieben werden". Tatsächlich leitete Erich d. J. die Gegenreformation ein, allerdings unter Wahrung der Religionsfreiheit in seinem Fürstentum. Erich nahm 1548 das Augsburger Interim an. Den von der Mutter eingesetzten Reformator und Superintendenten Corvinus ließ er ebenso von 1549 bis 1552 in der Feste Calenberg inhaftieren wie den Pattenser Prediger Walter Hoiker (Hocker). Beide hatten sich 1549 mit 140 Geistlichen auf der Mündener Synode gegen das Interim gestellt.

Nach der Schlacht von Sievershausen wurde Elisabeth 1553 ihr Wittum entzogen, da sie von den siegenden Fürsten als Kriegsstifterin dargestellt worden war. Sie flüchtete nach Hannover und siedelte 1555 ins thüringische Ilmenau über. Bis zu ihrem Tod 1558 ebendort widersetzte sie sich den Versuchen ihres Sohns, die Reformation rückgängig zu machen, das Land Calenberg-Göttingen in einen katholischen Bund einzugliedern und durch Erichs Ehepolitik die Familie mit altgläubigen Fürstenhäusern zu verbinden. Ihre letzte Ruhe fand die zuletzt mit dem Grafen Poppo XII. zu Henneberg (1513–1574) verheiratete Fürstin Elisabeth in der hennebergischen Grablege der St. Johanniskirche in Schleusingen. Auf dem Sockel ihres Epitaphs finden sich folgende Zeilen eines von ihr selbst verfassten Gedichtes: „Zuvörderst ist mir Jesus Christ / Allzeit gewest das höchste Gut. / Durch seinen Geist gab mir der Mut, / Dass ich mich christlich hab ermannt / Und pflanzt sein Wort in dieses Land."

SIBYLLE VON CLEVE

Kurfürstin von Sachsen (1512–1554)

*„Ach Gott, mich tut verlangen /
nach dem der jetzt gefangen / dem liebsten Fürsten mein"*

Es gibt wohl keinen schöneren Namen für einen Schlossbau, der namentlich so eng mit dem Schicksal zweier Personen verknüpft ist, als den der „Fröhlichen Wiederkunft" im thüringischen Wolfersdorf. Hier feierten Kurfürst/Herzog Johann Friedrich I. und seine Frau Sibylle von Jülich-Cleve-Berg 1552 ihr Wiedersehen.

Sibylle von Cleve wurde am 17. Juli 1512 als älteste Tochter Herzog Johanns III. von Cleve (1490–1539) und dessen Frau Maria von Jülich-Berg (1491–1543), der Erbtochter von Herzog Wilhelm IV. von Jülich-Berg (1455–1511) in Düsseldorf geboren. Sie wird als reich und blendend aussehend beschrieben und verfügte über eine exzellente Ausbildung. Bereits im Kindesalter Sibylles gab es Pläne, sie mit einem Mitglied des Hauses Wettin zu verheiraten. Doch zunächst sollte der Kurprinz mit der Infantin Katharina von Spanien aus dem Hause Habsburg vermählt werden. Erst nach der Auflösung dieses Eheversprechens war der Weg erneut frei für eine Verbindung zwischen den Häusern von Jülich-Cleve-Berg und Wettin.

Eng mit Sibylle ist die „Historia von der schönen Magelona" verbunden. Die Handschrift erhielten Prinzessin Sibylle von Cleve und Kurprinz Johann Friedrich 1527 bei ihrer Hochzeit wahrscheinlich vom ehemaligen sächsischen Prinzenerzieher, langjährigen Berater und Diplomaten Kurfürst Friedrichs des Weisen sowie Weggefährten Luthers und Spalatins Veit Warbeck (vor 1490–1534). Sie geht auf die Übersetzung des französischen Liebes- und Ritterromans „Ein sehr lustige histori von dem Ritter mit den silbern schlüsseln und der schonenn Magelonna, fast lieplich zu lesenn [sic!]" zurück und hat ihren Ursprung in den orientalischen Erzählungen aus 1001 Nacht. Über Südeuropa gelangte sie nach Frankreich, wo 1453 der anonyme Ritterroman ,Pierre de Provence et la belle Mague-

Lucas Cranach d. J. (1515–1586): Sibylle von Cleve, Kurfürstin von Sachsen, Öl auf Holz (2001 zerstört)

lonne' entstand. (Forschungsbibliothek Gotha) Warbeck hielt sich bei seiner Übersetzung im Wesentlichen an die französi-

Wolfersdorf, Jagdschloss „Fröhliche Wiederkunft"

sche Vorlage, bearbeitete sie jedoch im protestantischen Sinne. Zu den Motiven der Handelnden gehören Liebe und Treue, Ritterlichkeit, Barmherzigkeit und Gottesfurcht: Tugenden, die Veit Warbeck dem jungen sächsischen Hochzeitspaar gewünscht hat. Warbecks Übersetzungsarbeit gilt heute als „literarisches Kabinettstück zur Verklärung einer zwar konsequenten, aber etwas erklärungsbedürftigen Heiratspolitik" (Martin Mostert, in: Katalog zur Ausstellung „Veit Warbeck und die kurzweilige Historia von der schönen Magelone" im Prediger, Schwäbisch-Gmünd 15.12.1985–9.3.1986).

Die prunkvolle Hochzeitsfeier fand am 1. Juni 1527 in Torgau statt. Ihr war am 8. September 1526 das Beilager in Schloss Burg an der Wupper vorausgegangen. Rund 31 000 Menschen kamen dafür nach Torgau, um neun Tage lang die Hochzeit des 24-jährigen Bräutigams und der erst 15-jährigen Sibylle von Jülich-Cleve zu feiern. Dazu gehörte auch ein großes Turnier.

Bereits 1526 hatte Lucas Cranach d. Ä. das Brautbild geschaffen. Ihm sollten noch weitere Bildnisse – teils von der Hand Lucas Cranachs d. J. – folgen. Eines davon fiel dem spektakulären Kunstraub 1995 anlässlich der Versteigerung der Markgrafenschätze in Baden-Baden zum Opfer und wurde von der Mutter des Delinquenten Stéphane Breitwieser nach dessen Festnahme zerstört und vernichtet.

Wie ihr Ehemann – seit 1532 Kurfürst von Sachsen, setzte sich auch Sibylle für die Reformation ein. Bei seinen Zeitgenossen galt der neue Landesherr als eigensinnig und stur, bisweilen als jähzornig und cholerisch, dann, nicht zuletzt aufgrund seiner Leibesfülle als schwerfällig, aber auch als prunksüchtig und verschwenderisch. Über seine Gestalt wurde kolportiert, dass nur ein einziges Pferd, ein stattlicher friesischer Hengst, in der Lage gewesen sei, sein Gewicht zu tragen, ohne gleich zusammenzubrechen. Und dennoch scheint es mehr als eine politisch-motivierte Hochzeit gewesen zu sein. Teilweise wird in der Forschung von einer Partnerschaft ‚in inniger Liebe' gesprochen. Die Kurfürstin stand auch dann noch zu ihrem Ehemann, als der Kaiser ihn festgesetzt und ihm einen großen Teil seiner Besitzungen genommen hatte. Als Kriegsherrin stellte sich Sibylle Kaiser Karl V. entgegen, da sie im Kern den Eifer ihres Mannes für Luthers Lehren teilte. Besonderen Groll hegte der Kaiser gegen Landgraf Philipp von Hessen als Anführer der protestantischen Fürsten im Schmalkaldischen Bund und gegen Kurfürst Johann Friedrich den Großmütigen von Sachsen. In der Schlacht von Mühlberg an der Elbe nahm er beide am 24. April 1547 gefangen. Die Todesstrafe beider wurde am Ende in eine lebenslange Strafe umgewandelt. In der Wittenberger Kapitulation vom 19. Mai 1547 musste Johann Friedrich zugunsten seines Vetters Herzog Moritz von Sachsen auf die Kurwürde verzichten und seine thüringischen Besitzungen an seine drei Söhne Johann Friedrich II., den Mittleren (1529–1595), Johann Wilhelm (1530–1573) und Johann Friedrich III., den Jüngeren (1538–1565) abtreten. Johann Friedrichs Frau übergab am 24. Mai 1547 Wittenberg an den Kaiser, der ihr dafür große Hochachtung zollte. Sie zog sich nach Weimar zurück. Bitten um Erleichterung der Gefangenschaft ihres Mannes, mit dem sie in dieser Zeit lebhaft korrespondierte, blieben erfolglos. Das Klaglied „Ach Gott, mich tut verlangen / nach dem der jetzt gefangen / dem liebsten Fürsten mein", Teil der Heidelberger Liederhandschrift, wird Sibylle zugeschrieben. Fünf Jahre waren beide getrennt. Trotz der Abwesenheit vom nunmehrigen Herzogtum Sachsen erfolgte nichts ohne die Einwilligung Johann Friedrichs. Am 17. August 1552 wurde er von Kaiser Karl V. freigelassen, als sich die protestantische Seite mit Frankreich erfolgreich gegen den Kaiser verbündet hatte. Noch während seiner Gefangenschaft hatte der Kurfürst den Architekten Nickel Gromann beauftragt, das Jagdschloss in Wolfersdorf zu errichten. Als er schließlich dank des Passauer Vertrages 1552 freigelassen wurde, ritt ihm seine Ehefrau Sibylle von Cleve bis nach Coburg entgegen, während das eigentliche Wiedersehen in Wolfersdorf im späteren Jagdschloss „Fröhliche Wiederkunft" gefeiert wurde. Bereits 1553 hatte er den verlorenen Kurtitel samt Wappen wiederverwendet. Doch lange währte das Leben beider nicht mehr. Sibylle starb am 21. Februar 1554 in Weimar, Johann

Weimar, Stadtkirche St. Peter und Paul (Herderkirche)

Friedrich wenig später am 3. März 1554 ebenda. Beide erhielten ihre letzte Ruhe in der Stadtkirche St. Peter und Paul (Herderkirche) in Weimar.

Bereits zu Lebzeiten hatte der thüringische Reformator Justus Menius (1499–1558) Sibylle seinen Fürstenspiegel der „Oeconomia Christiana" gewidmet: „An die hochgeborene Furstin / Fraw Sybilla Hertzogin zu Sachsen / Oeconomia Christiana / das ist / von Christlicher haushaltung Justi Menij'. Mit einer schönen Vorrede." Das 1529 in Gotha entstandene Werk erschien bereits im Erscheinungsjahr in Wittenberg in fünf Auflagen und neun weiteren bis in die 1530er Jahre. Insgesamt sind heute 17 Auflagen des Werkes bekannt, das einen wichtigen Teil des lutherischen Eheschrifttums darstellt. Die Ehe und der auf ihr gründende Hausstand stellt nach Luther zusammen mit dem Stand der Prediger und dem Obrigkeitsstand die Grundlage der von Gott selbst in der Schöpfung eingerichteten Gesellschaftsordnung dar. Damit stellte Menius das lutherische Ehemodell ganz bewusst dem Zölibat gegenüber.

MARIE VON BRANDENBURG-KULMBACH

Kurfürstin von der Pfalz (1519–1567)

„Ich hab einen Katechismus gelernt, bei dem bleib ich"

„Ich muß bekennen, daß ich nicht gewußt, daß ich meine Gemahlin selig dermaßen geliebt habe, wie es mir mein Herz nach dem Todesfall zu erkennen gibt. Aber aus Gottes Wort habe ich mich getröstet und tue es noch, weil ich weiß, daß sie in Christo seliglich entschlafen ist, und ich der unbezweifelten tröstlichen Hoffnung bin, daß ich sie bald in jener Welt wiedersehen werde." (Heinsius: Frauen, S. 149) Neben ihrem Ehemann Kurfürst Friedrich III. von der Pfalz wurde die verstorbene Kurfürstin Maria (Marie) auch von ihren drei Söhnen und vier Töchtern sowie nicht zuletzt von ihren Untertanen herzlich betrauert. Sie starb am 31. Oktober 1567 in Heidelberg und fand dort in der Heiliggeistkirche ihre letzte Ruhe. Als älteste Tochter des Markgrafen Kasimir von Brandenburg-Kulmbach (1481–1527) hatte Marie am 11. Oktober 1519 in Ansbach das Licht der Welt erblickt und wurde nach dem frühen Tod des Vaters von ihrem Onkel und Vormund Markgraf Georg von Ansbach dem Frommen (1484–1543) im lutherischen Sinne erzogen. Bereits 1528 waren die Markgrafschaft Ansbach und das Oberland mit Kulmbach protestantisch geworden, denn Georg war ein Freund Luthers und seiner Lehre. Maries Mutter Susanna, Tochter Herzog Albrechts IV. von Bayern, war nach dem Tod ihres Mannes nach München zurückgekehrt und heiratete 1529 in Neuburg an der Donau den Pfalzgrafen Ottheinrich. Marie und ihre Geschwister – Bruder Albrecht und Schwester Kunigunde – blieben beim Onkel in Ansbach. Im Gegensatz zu ihrem jüngeren Bruder, dem späteren Markgrafen Albrecht Alcibiades (1522/1536–1557), ist von der Schwester Marie nur wenig bekannt. An Stelle einer ausgeprägten fürstlichen Erziehung wurde sie streng in den lutherischen Lehren un-

terwiesen. Es heißt, die Bibel sei ihr wohl vertraut gewesen. Unter den Heiratskandidaten fand sich zunächst ein Graf von Hanau und 1537 schließlich der Bräutigam Pfalzgraf Friedrich von Simmern. Im Juni 1537 fand in Crailsheim die Brautschau statt, von der es heißt, dass die beiden Fürstenkinder Friedrich und Marie ein herzliches Wohlgefallen aneinander gefunden hätten. Er war 22, sie 18 Jahre alt. Er hatte seine Erziehung an den katholischen Höfen von Nancy, Luttich und teilweise in Brüssel erfahren. Im Oktober 1537 heirateten beide nach katholischem Ritus auf der Kainzenburg bei Kreuznach. Das Paar lebte zunächst in Simmern und zeitweilig in Kreuznach und auf Burg Birkenfeld. Aus der Ehe gingen elf Kinder hervor. Maries Schwiegervater Johann II. Herzog von Simmern, der nach einer alten Beschreibung als vornehme, hagere Erscheinung mit großem, rundem Schädel, tiefliegenden Augen und mächtigem Bart, selbst im Gebet von lässiger, doch selbstbewusster Haltung und als Ritter alten Schlages galt, genoss bei Kaiser Karl V. hohes Ansehen. 1525 wurde er als Regiments- und Kammergerichts-Visitator ans Reichskammergericht in Speyer berufen, dem er 1536 bis 1539 in der Eigenschaft eines Kammerrichters als Präsident vorstand. Obgleich Herzog Johann zu Beginn der Reformation gegenüber zugeneigt war und sich von den meisten Mitgliedern des pfälzischen Hauses isolierte, blieb er katholisch. Allerdings setzte er dem Eindringen des Luthertums in seinem Gebiet auch keinen entscheidenden Widerstand entgegen. Mittels geschickter Verhandlungen gelang es dem Herzog, die Erbfolge der Pfälzer Kurlinie für seinen Sohn Friedrich zu sichern. Dank eines Vergleichs im Jahr 1553, bei dem Herzog Johann Teile der Grafschaft Sponheim und der Herrschaften Lützelstein und Guttenberg an das Haus Pfalz-Zweibrücken abtrat, gelang es ihm, die Kurfürstenwürde für seinen Sohn zu erlangen. Nach dem Tod des kinderlosen Kurfürsten Ottheinrich 1559 folgte Maries Ehemann als Kurfürst Friedrich III. von der Pfalz. Als nunmehrige Kurfürstin stand Marie den Regierungsgeschäften nahe. Allerdings duldete ihr Ehemann keine Einmischung in politische Belange. Einfluss nahm Marie allerdings in religiösen Fragen und diese bestimmten alsbald die gesamte Politik. So etwa trat sie den Zwinglianern entschieden entgegen, da sie selbst von Kindheit an strenge Lutheranerin war. Bis zur Erlangung der Kurwürde lebte die Familie Friedrich und Maries bisweilen in recht ärmlichen Verhältnissen, die die finanzielle Unterstützung von Maries Onkel, Hochmeister des Deutschen Ordens in Preußen und nachmaliger Herzog Albrecht von Preußen (1490–1568), linderte. Albrecht selbst hatte auf Luthers Rat hin das Amt des Hochmeisters niedergelegt und beschlossen, den Deutschordensstaat Preußen in ein weltliches Herzogtum umzuwandeln. Die 1532 über ihn verhängte Reichsacht bewirkte das Gegenteil, denn Albrecht beförderte dadurch die Verbreitung der evangelischen Lehre und die Festigung seiner weltlichen Herrschaft umso stärker. Das Bekenntnis zur evangelisch-lutherischen Lehre hatte Maries Ehemann erst 1556/57 als Ottheinrichs Stellvertreter in der Oberpfalz gewagt. Als Kurfürst entschied er sich trotz Maries Einwänden für die calvinistische Richtung, allerdings nicht für die Lehre der Prädestination. Im berühmt gewordenen Heidelberger Katechismus von Zacharias Ursinus und Caspar Olevian fügte er 1563 die 80. Frage und Antwort ein und bezeichnete die Messe als ‚vermaledeite Abgötterei'. In der Oberpfalz setzte er die calvinistische Ausrichtung allerdings nicht durch, denn dort regierte der im Sinne der Mutter lutherisch erzogene Sohn als Statthalter. Die Einflussnahme der Ehefrau Marie wird durch das zeitgenössische Urteil bestätigt. Man bescheinigte Friedrich ein einfaches Gemüt, Bischof Bochetel als französischer Gesandter am Heidelberger Hof hielt den Kurfürsten gar für unglaublich

Heidelberg, Blick auf die Heiliggeistkirche

einfältig. Tatsächlich hatten konfessionelle Überlegungen in Friedrichs Politik Vorrang vor politischen, getreu der politischen Theologie des Calvinismus. Damit verbunden war die Lehre vom aktiven Widerstandsrecht, die zu einer offensiven, antikatholischen und antihabsburgischen Politik im Reich beitrug und die Politik des Religionsfriedens zu zerstören drohte. Zu Friedrichs Ideen gehörte gar die eines evangelischen Kaisertums. Freilich, die übrigen Kurfürsten trugen den Gedanken nicht mit. Inwieweit Marie ihren Ehemann in jenen Ideen beeinflusst hat, bleibt ungewiss. Die innerevangelischen theologischen Differenzen suchte Friedrich wiederholt auszuräumen. Dabei ging er von nicht so großen Unterschieden aus, die einen Minimalkonsens ermöglichen sollten. Als Kaiser Maximilian II. Friedrich auf dem Reichstag von 1566 den Schutz des Religionsfriedens zu entziehen suchte, rettete sich Friedrich III. aus der Situation, indem er erklärte, seine Kirchenpolitik sei nicht calvinistisch. Weniger problematisch gestaltete sich die Heiratspolitik der kurfürstlichen Familie. 1558 war die 18-jährige Tochter Elisabeth mit dem jungen lutherischen Herzog Johann Friedrich von Sachsen-Weimar vermählt worden. Im Gegenzug verheiratete Friedrich seinen calvinistisch eingestellten Sohn Johann Casimir 1570 mit Elisabeth von Sachsen, Tochter des lutherischen Kurfürsten August von Sachsen. Da war Gattin Marie bereits drei Jahre tot. Im Spätherbst 1559 hielt sie sich längere Zeit in Weimar auf, um ihrer Tochter Elisabeth bei deren erster Geburt beizustehen. Ihr Ehemann habe sie damals schrecklich vermisst. „Er entbehrte ihre Pflege und die Speisen, die sie ihm mit eigener Hand zubereitete, noch mehr aber die Möglichkeit alles, was ihn bewegte, mit ihr zu besprechen." (Heinsius: Frauen, S. 141) Zu diesem Zeitpunkt war in Heidelberg zwischen dem lutherischen Universitätsprofessor und Generalsuperintendenten Tilemann Heßhusius und dem Franzosen Pierre Boquin, einem Calvinisten mit starken Einflüssen aus Genf und Zürich, ein heftiger Streit entbrannt. Marie fürchtete, dass ihr Ehemann dort direkt mit hineingezogen werden

Heidelberg, Schloss, Ottheinrichsbau, Fassade

könnte und bat ihren Schwiegersohn Johann Friedrich, ihn ohne konkrete Namensnennung ins allgemeine Thüringer Kirchengebet einzuschließen. Erst die Entfernung von Heßhusius und seines erbittertsten Gegners, dem Diakon an der Heiliggeistkirche Wilhelm Klebitz, entspannte die Situation. Im Brennpunkt der Kämpfe stand die Abendmahlslehre. Vor allem befürchtete Marie, ihr Mann könne dem Luthertum entfremdet werden. Im Gegenzug gelang es Friedrich nicht, seine Frau dem Luthertum zu entfremden. Am 15. April 1563 schieb sie über den eingangs erwähnten Heidelberger Katechismus – zugleich Heidelberger Kirchenordnung – an ihren Schwiegersohn Johann Friedrich: „Daß mir Euer Liebden schreiben, der Katechismus sei nichts nutz von Grund aus, das weiß ich nicht. Ist er doch ganz aus Gottes Wort genommen. Ich will ihn nicht verwerfen noch loben, ich habe ihn nicht machen helfen. Ich hab einen Katechismus gelernt, bei dem bleib ich. […] Mein Glaube muß mich selig machen, nicht eines andern Glaube." (Heinsius: Frauen, S. 144) Als 1564 ein Gerücht über einen drohenden Überfall auf ihren Mann aufkam, fuhr sie nicht nach Thüringen, sondern blieb in Heidelberg. „Denn ich denke mich weder durch Liebe noch durch Leid von meinem herzlieben Schatz zu scheiden, es Tu's denn der liebe Gott" (Heinsius: Frauen, S. 146), schrieb sie am 12. März 1564 an Kurfürst Johann Friedrich in Weimar. Ihre letzten Lebensjahre verbrachte die an einem schweren rheumatischen Leiden erkrankte Kurfürstin vornehmlich ans Bett gefesselt. Als Sie 1562 bemerkte: „Alle meine Kinder haben mich dem himmlischen Vater abgebettelt; es sterben viele Leute, denen es nicht so weh gewesen ist wie mir" (Heinsius: Frauen, S. 146), machte sich die Krankheit bereits bemerkbar. Das hielt sie jedoch zunächst nicht davon ab, ihren Ehemann auf die Jagd zu begleiten, denn sie selbst bezeichnete sich als ‚Wildnärrin', die die Buchenwälder des Odenwaldes liebte. Doch die politische Entwicklung in Thüringen setzte ihr am Ende zu, als Johann Friedrich zum offenen Widerstand gegen den Kaiser gerüstet war und am Ende zu lebenslänglicher Haft verurteilt in den Kerker nach Dresden gebracht wurde. Am 26. April 1567 schrieb sie ihrer Tochter: „Euer Handel hat mich schier in den Tod gebracht, ich bin so erschrocken, daß ich seitdem keine gesunde Stunde gehabt, so daß man etliche Male des Endes gewartet hat" (Heinsius: Frauen, S. 149). Das letzte Aufleben freilich war kurz, von einem Früh- und Nachtmahl ohne Krücken im seinerzeit neuen Ottheinrichsbau und einem Ausflug auf einem Pirschkarren einmal abgesehen. Marie war erst 48-jährig mit ihren Kräften am Ende.

ANNA VON DÄNEMARK UND NORWEGEN

Herzogin und Kurfürstin von Sachsen (1532–1585)

„Mutter Anna"

„A[nna] ist bis heute die wohl bekannteste sächsische Kurfürstin der Frühen Neuzeit. Das hat seine Gründe nicht allein in ihrer Bedeutung für die Landesgeschichte, sondern viel mehr noch in ihrer frühzeitigen ‚Entdeckung' durch die Geschichtsschreibung des 19. Jahrhunderts. Schon um 1860 wurde sie als vorbildhafte Frau im Sinne eines bürgerlichen Ideals thematisiert, als untadelige Landesmutter, die den Kranken und Schwachen beistand, die Güter erfolgreich verwaltete und ihren Eheherrn mustergültig umsorgte, kurz als ‚Mutter Anna'". (Keller: Anna von Dänemark) Renate Hücking widmete ihr 2009 als erster Apothekerin Sachsens in der bekannten Frauenzeitschrift EMMA ein ausführliches Porträt, basierend auf ihrem Buch „Süchtig nach grün – Gärtnerinnen aus Leidenschaft". Bereits 1953 verwies Rolf Naumann in seinem kurzen Text in der Neuen Deutschen Biographie auf ihre große Popularität als vorbildliche Landesmutter, sei es beim musterhaften Hofhaushalt, der Förderung der sächsischen Wirtschaft (Textilindustrie, Wein- und Obstbau) oder der Schaffung einer neuen dänisch-holländischen Gartenkultur. Vor allem hob er ihre Verdienste als erste weibliche Apothekerin Deutschlands hervor und vergaß auch nicht ihre politische Einflussnahme zu erwähnen. Kurz: Er skizzierte das Leben einer vielseitigen, ambitionierten und interessierten Fürstin des 16. Jahrhunderts. Besonderen Einfluss etwa übte Anna auf die Religionspolitik Sachsens aus. Sie war „mit einem Zug großer menschlicher Härte, bei Verfolgung der sog. Kryptocalvinisten – ebenso streng orthodox lutherisch eingestellt wie ihr Gemahl". (Naumann: NDB, S. 302)

Lucas Cranach d. J. (1515–1586): Kurfürstin Anna von Sachsen, 1550

77

Geboren wurde Anna am 22. November 1532 in Hadersleben (Haderslev) in der Region Süddänemark als Tochter des Dänenkönigs Christian III. (1503–1559) und der sachsen-lauenburgischen Prinzessin Dorothea (1511–1571). Von ihr lernte sie auch die Nadelarbeiten und erhielt ihr Wissen über das Sammeln von Heilkräutern, über Landwirtschaft und das Hauswesen. In ihrer Jugend studierte sie Botanik und Pflanzenheilkunde und beschäftigte sich bereits mit den Grundzügen des Gartenbaus. Über die junge Prinzessin Anna ist derzeit allerdings nur wenig bekannt. Katrin Keller zufolge scheint sie keine umfassend höhere Schulbildung erhalten zu haben, da sie weder Latein noch eine andere Fremdsprache beherrschte. Allerdings hat man sie in Musik und Tanz unterrichtet und mit Einführung der Reformation in Dänemark 1537 auch in lutherischer Religion unterwiesen. Diese frühe Ausbildung prägte ihr gesamtes Leben und ihre Handlungsweisen. Am 7. Oktober 1548 heiratete sie in Torgau Herzog August I. von Sachsen (1526–1586), der ähnlich wie seine Frau als „Vater August" in die sächsische Geschichte einging. Er war der dritte Sohn Heinrichs und Katharinas von Sachsen und erhielt – anders als im väterlichen Testament vorgesehen – zunächst kein eigenes Territorium, sondern eine finanzielle Apanage. Zu den Hintergründen der Hochzeit Annas und Augusts gibt es wenige Informationen. Allerdings strebte der dänische König nach engeren Verbindungen zum Alten Reich. „Die prachtvollen Feierlichkeiten mit Banketten […] und Turnieren stellten das erste und wohl bedeutendste Hoffest unter Kurfürst Moritz dar und repräsentierten zugleich den neuen Rang der Albertiner als Kurfürsten von Sachsen vor der Öffentlichkeit des Alten Reichs." (Keller: Anna von Dänemark) Im Gegenzug war Kurfürst Moritz, Augusts Bruder, 1548 an einer engeren Bindung an die lutherische Partei im Reich interessiert. Nach der Eheschließung lebte das junge Paar zunächst in Weißenfels und Wolkenstein, von 1553 an in Dresden. 1552 wurde in Wolkenstein die älteste Tochter Elisabeth (1552–1590) geboren. Ingesamt gingen 15 Kinder aus der Ehe hervor, von denen elf früh starben. Die junge Herzogin legte vor jeder Geburt die Leichentücher für den möglichen Ernstfall bereit. Als sie 1570 in Heidelberg den Pfalzgrafen Johann Casimir von Simmern heiratete, suchte Vater August als Gegner dessen frankreichfreundlicher, calvinistischer Politik noch den Schwiegersohn auf seine Seite zu ziehen. Dies gelang jedoch nicht. Darüber hinaus galt die Ehe zwischen Elisabeth und Johann Casimir den Katholiken als Provokation gegen das Haus Habsburg. Der Calvinist Johann Casimir versuchte den religiösen Widerstand seiner lutherischen Gemahlin zu brechen, was ebenso nicht gelang. Unter dem Vorwand des Ehebruchs und des Mordkomplotts gegen ihn, ließ er sie im Oktober verhaften und gefangen nehmen, bis sie 1590 starb.

Das Luthertum prägte auch die Ehe von August und Anna. Sie selbst war bereits Protestantin in zweiter Generation. „In ihren Briefen ist die Verantwortung zu spüren, die sie als mitregierende Fürstin für den guten Ausgang der religiösen Umwälzung übernimmt. Auch Annas wirtschaftliche Interessen und Überlegungen hängen mit der neuen Glaubensdoktrin zusammen. In den protestantischen Fürstentümern war die wirtschaftliche Konkurrenz der Kirche weitgehend ausgeschaltet. Durch Martin Luther erfuhr die Ehe eine Aufwertung als Institution, als Kernzelle für Herrschaftsausübung und ökonomisches Engagement. Fürst und Fürstin sollten als pflichtbewusstes eheliches Arbeitsteam begriffen werden. Den christlichen Frauentugenden Demut und Gehorsam fügte die protestantische Ideologie lebenspraktische Tugenden hinzu: Fleiß und so genannte Rechenhaftigkeit." (Keller: Anna von Dänemark) So ähnlich fasste es 1964 bereits Wolfgang Paul zusammen, als er die beiden Herrscher als zwei Personen charakterisierte, „die der protestantischen Frömmigkeit entsprechen: bieder und fleißig, fromm und geschickt, volksverbunden und ökonomisch auf Wohlstand bedacht für das Land." (Paul: Dresden, S. 31) Als August nach Moritz' Tod die Kurwürde erbte und am 5. August 1553 die Nachfolge antrat, übernahm er einen großen Schuldenberg und drei außenpolitisch drängende Fragen, nämlich den Friedensschluss mit Albrecht Alcibiades, einen Vergleich mit den Ernestinern (Naumburger Vertrag vom 24. Februar 1554) und die Religionsfrage im Reich reichsrechtlich gemäß dem Passauer Vertrag vom 2. August 1552 festzuschreiben. Tatsächlich gelang es ihm, alle drei Probleme zu lösen, vor allem das der Religionsfrage mit dem berühmten Augsburger Religionsfrieden vom 25. September 1555. Überlegung und Beharrlichkeit zeichneten seine Handlungsweise aus, so dass er von seinen Zeitgenossen auch „des Römischen Reiches Herz, Auge und Hand" genannt wurde. (Gross: Geschichte Sachsens, S. 72) Seine negativen Charaktereigenschaften seien jedoch ebenso angemerkt: aufbrausender Jähzorn und Rachsucht. Als sich bei den Hofbeamten eine Spottschrift über die „Gynäkokratie", sprich Weiberherrschaft, fand, da geriet er in so rasenden Zorn, dass er seine konfessionelle Zugehörigkeit änderte: Statt die Philippisten Melanchthons zu begünstigen, schloss er sich den orthodoxen Lutheranern an. Sein Kanzler Craco starb bei der Folter, und der Arzt Caspar Peucer kam ins Gefängnis. Peucer, ebenfalls Calvinist, hatte sich zu folgender Äußerung hinreißen lassen: „Hätten wir Mutter Annen erst, so sollt es nicht Not haben, den Herren wollten wir auch bald kriegen".

Die Kurfürstin zeigte sich mit dieser Entwicklung zufrieden, da sie der lutherischen Orthodoxie nahe stand. Das Recht der Fürstinnen, Gefangene loszubitten, nahm sie nicht in Anspruch. Als ihre Tochter Elisabeth ein totes Kind gebar, schrieb ihr die Mutter, dass es besser sei, ein totes, statt ein calvinistisches Kind zu haben. Tatsächlich betrieb Anna eine aktive Konfrontations- und Abgrenzungspolitik gegen die Calvinisten zugunsten der Verteidigung der lutherischen Lehre. Dies hatte langfristige Auswirkungen auf die konfessionellen Entwicklungen im Reich.

Sie erwies sich als diplomatisch klug und geschickt, pflegte eine weitreichende Korrespondenz und ein „Netzwerk gegenseitiger Verpflichtungen" (Keller: Anna von Sachsen, S. 102) In den 1560er Jahren bemühte sich Anna mit ihrer Mutter darum, die kriegerischen Auseinandersetzungen zwischen Schweden und Dänemark zu schlichten und verstand es, ihre guten Kontakte zum Kaiserhof zu nutzen. Wie weit sie ihre Rolle in Glaubensdingen aktiv betrieb, ist derzeit noch nicht abschließend geklärt. Ihr teils vehementes Auftreten nach 1574 wurde in der älteren Literatur als ‚bigott' und ‚erbarmungslos' gewertet. Bekannt ist, dass sie die Religionsgespräche in den Auseinandersetzungen mit den so genannten Gnesiolutheranern unterstützte und den Druck religiöser Schriften förderte. Zu Beginn der 1580er Jahre bemühte sie sich in München und Graz um die weitere Duldung der steiermärkischen Protestanten.

Neben ihrem Ehemann war sie zweifelsfrei eine gestaltende Landesfürstin, die das Vertrauen ihres Mannes genoss und sich derart engagierte, dass man ihr den eingangs erwähnten Namen „Mutter Anna" beigab. Zwei Schlösser erinnern heute an das Herrscherpaar: Augustusburg im Erzgebirge und Annaburg unweit von Torgau. Augustusburg ist dabei ein recht symbolbeladener Ort – 1567 bis 1572 als prunkvolle Vierflügelanlage errichtet, deren Innenhof ein griechisches Kreuz bildet, dessen Ecktürme die vier Jahreszeiten symbolisieren, die zwölf Tore die zwölf Monate. In der Zahlensymbolik dürfen natürlich die 52 Schornsteine und 365 Fenster nicht fehlen. Die Schlosskapelle folgt dem mit Torgau begründeten protestantischen Raumtypus und ist nicht nur die vollkommenste Lösung, sondern auch die letzte große Schlosskirche in Sachsen. Als architektonisches Zeugnis spiegelte Hieronymus Lotters exakt quadratischer Bau die Eigenschaften protestantischer Strenge und Klarheit wider und ist einmal mehr persönliches Zeugnis der Herrschaft Augusts und Annas in Sachsen. In Schloss Annaburg wiederum befanden sich zum Zeitpunkt ihres Todes ihre Bibliothek aus lutherischen Schriften und heilkundlichen Büchern sowie ihr Destillierhaus für die Herstellung verschiedener Arzneien. Die (erste) Dresdner Hofapotheke ließ sie 1581 einrichten. „Als fromme und verantwortungsbewusste ‚Landesmutter' versorgt sie ihre Untertanen ab 1581 in der Dresdner Hofapotheke unentgeltlich mit ärztlichem Rat und den entsprechenden Heilmitteln. Wo sollten die armen Leute denn sonst hingehen, nachdem die Klöster im Zuge der Reformation ihre Pforten geschlossen hatten?", fragt Renate Hücking in ihrem EMMA-Beitrag zu Recht. In Dresden trägt die barocke Annenkirche gleich einen doppelten Namen und erinnert neben der heiligen Anna auch an das Wirken der Kurfürstin. Den Vorgängerbau hatte die Kurfürstin initiiert. Seit 2011 steht das 1869 von Robert Henze geschaffene Annendenkmal unweit seines einstigen Standortes und erinnert zusätzlich an das Wirken Annas von Sachsen. Diese starb am 1. Oktober 1585 in Dresden an den Folgen der Pest. Ihre letzte Ruhe fand sie im Freiberger Dom.

Dresden, Annenkirche. Blick auf den barocken Neubau von Ratszimmermeister Johann George Schmidt. 1578 war der Ursprungsbau entstanden und nach seiner Stifterin, der sächsischen Kurfürstin Anna (1532–1585), benannt worden

Literaturverzeichnis (Auswahl):

Ausst.-kat. Argula von Grumbach – selbst ist die Frau. Christin – Draufgängerin – Publizistin, 500.? Geburtstag, hg. v. d. Evang.-Luth. Kirchengemeinde St. Marien, Schwabach 1992.

BACKUS, IRENA: Frauen um Calvin. Idelette de Bure und Marie Dentière. Ringvorlesung der Theologischen Fakultät der Universität Basel: Calvin und die Wirkungen, Genf, Basel 2009.

BAINTON, ROLAND H.: Frauen der Reformation. Von Katharina von Bora bis Anna Zwingli – 10 Porträts, Gütersloh 1995.

BARRET, PIERRE; GURGANT, JEAN-NOEL: Der König der letzten Tage. Die grauenvolle und exemplarische Geschichte der Widertäufer zu Münster 1534–1535, Hamburg 1993.

DIETHOFF, ERNESTINE: Edle Frauen der Reformation und der Zeit der Glaubenskämpfe, Leipzig o. J. [1892].

DITHMAR, REINHARD: Auf Luthers Spuren. Ein biographischer Reiseführer, Leipzig 2006.

DOMRÖSE, SONJA: Frauen der Reformationszeit. Gelehrt, mutig und glaubensfest, Göttingen 2010.

ELLRICH, HARTMUT: Luther – Eine Spurensuche in Thüringen, Erfurt 2009.

ENKE, JOHANN-FRIEDRICH: Das Evangelische Pfarrhausarchiv. Ein Führer durch die ständige Ausstellung im Eisenacher Lutherhaus, Berlin 1990.

ERICHSON, ALFRED: „Zell, Matthäus", In: Allgemeine Deutsche Biographie 45 (1900), S. 17–18.

FAUSEL, HEINRICH: D. Martin Luther. Sein Leben und Werk, 2 Bde., Stuttgart 1996.

GRAF, FRIEDRICH WILHELM: Der Protestantismus. Geschichte und Gegenwart, Bonn 2007.

Frauen der Reformation. Texte einer Fachtagung zum Auftakt des Katharina-von-Bora-Jubiläums, hg. v. Heidemarie Wüst u. Jutta Jahn, 1. Aufl., Wittenberg 1999.

Frauen fo(e)rdern Reformation: Elisabeth v. Rochlitz, Katharina von Sachsen, Elisabeth von Brandenburg, Ursula Weida, Argula von Grumbach, Felicitas von Selmnitz, hg. v. Ev. Predigerseminar, 1. Aufl., Wittenberg 2004.

Frauen mischen sich ein: Katharina Luther, Katharina Melanchthon, Katharina Zell, Hille Feicken und andere, hg. v. Ev. Predigerseminar, 3. Aufl., Wittenberg 2004.

Glaube und Macht. Theologie, Politik und Kunst im Jahrhundert der Reformation, hg. v. Enno Bünz u. a., Leipzig 2005. (Schriften der Stiftung Luthergedenkstätten in Sachsen-Anhalt, Bd. 5)

GROSS, REINER: Geschichte Sachsens, 4. erw. u. aktual. Aufl., Leipzig 2007.

HAASE, LISBETH: Wibrandis Rosenblatt. Ein Leben an der Seite der Reformatoren, Stuttgart 2000.

HEINSIUS, MARIA: Das unüberwindliche Wort. Frauen der Reformationszeit, München 1951.

DIES.: Frauen der Reformationszeit am Oberrhein, Karlsruhe 1964.

HELING, ANTJE: Zu Haus bei Martin Luther. Ein alltagsgeschichtlicher Rundgang, Wittenberg 2003.

HERMANN, B. J.: Katharina Lutherin geb. von Bora. Vom Teppich meines Lebens, Herford 1983.

HOFMANN, WERNER (Hg.): Köpfe der Lutherzeit, Ausst.-Kat., München 1983.

JOESTEL, VOLKMAR (Hg.): Die Nonne heiratet den Mönch. Luthers Hochzeit als Scandalon. Eine Textsammlung, 2. unveränd. Aufl., Wittenberg 2007.

DERS. (Hg.): Und sie werden sein ein Fleisch. Martin Luther und die Ehe. Eine Textsammlung, 2. unveränd. Aufl., Wittenberg 2007.

JUNGHANS, HELMAR (Hg.): Das Jahrhundert der Reformation in Sachsen, Leipzig 2005.

KELLER, KATRIN: Anna von Dänemark. In: Sächsische Biografie, hg. vom Institut für Sächsische Geschichte und Volkskunde e.V., bearb. von Martina Schattkowsky, Online-Ausgabe: http://www.isgv.de/saebi (2007)

DIES.: Kurfürstin Anna von Sachsen (1532–1585), 1. Aufl., Regensburg 2010.

KLUETING, HARM: Das Konfessionelle Zeitalter 1525–1648, Stuttgart 1989.

KNÖFEL, ANNE-SIMONE: Dynastie und Prestige – Die Heiratspolitik der Wettiner. Köln, Weimar, Wien 2009.

KOBELT-GROCH, MARION: Judith enthauptet Holofernes. Die blutige Mission der Münsteraner Täuferin Hille Feicken. In: Frauen mischen sich ein. Wittenberger Sonntagsvorlesungen, hg. v. Ev. Predigerseminar, 3. Aufl., Wittenberg 2004, S. 81–95.

KOCH, ERNST: Felicitas von Selmnitz – eine unangepaßte Witwe. In: Frauen fo(e)rdern Reformation. Wittenberger Sonntagsvorlesungen, hg. v. Ev. Predigerseminar, 1. Aufl., Wittenberg 2004, S. 127–142.

KOCH, URSULA: Die gelebte Botschaft. Frauen der Reformation, Hamburg 2010.

KOLDAU, LINDA MARIA: Frauen – Musik – Kultur. Ein Handbuch zum deutschen Sprachgebiet der frühen Neuzeit, Köln 2005.

KREIKER, SEBASTIAN: Luther. Leben und Wirkungsstätten, Petersberg 2003.

KUHN, THOMAS KONRAD: „Oekolampad, Johannes", In: Neue Deutsche Biographie 19 (1998), S. 435 f.

LAUBE, ADOLF (Hg.); WEISS, ULMAN: Flugschriften gegen die Reformation (1518–1524), Berlin 1997.

MAGIRIUS, HEINRICH: Marienkirche Torgau, 3. veränd. Aufl., Regensburg 2007.

MEHLHORN: Die Frauen unserer Reformatoren, Tübingen 1917.

MENZHAUSEN, JOACHIM: Kulturgeschichte Sachsens, Leipzig 2007.

Mönchshure und Morgenstern: „Katharina von Bora, die Lutherin" – im Urteil der Zeit, als Nonne, eine Frau von Adel, als Ehefrau und Mutter, eine Wirtschafterin und Saumärkterin, als Witwe, hg. v. Evangelischen Predigerseminar, Peter Freybel, 1. Aufl., Wittenberg 1999.

NAUMANN, ROLF: Anna Kurfürstin von Sachsen, In: Neue Deutsche Biographie 1 (1953), S. 302.

OEHMIG, STEFAN: Ursula Weida – eine streitbare Verfechterin der Reformation. In: Frauen fo(e)rdern Reformation. Wittenberger Sonntagsvorlesungen, hg. v. Ev. Predigerseminar, 1. Aufl., Wittenberg 2004, S. 77–112.

PAUL, WOLFGANG: …zum Beispiel Dresden. Schicksal einer Stadt, Frankfurt/M. 1964.

POPOV, NIKOLAI: Stätten der Reformation. Von Eisleben bis Trient, Oschersleben 1996.

REICHELT, BETTINA: Philipp Melanchthon. Weggefährte Luthers und Lehrer Deutschlands, Leipzig 2010.

SCHILLING, HEINZ: Aufbruch und Krise. Deutschland 1517–1648, Berlin 1998. (Siedler Deutsche Geschichte, Bd. 5)

STADT HALLE (Hg.): Der hallesche Stadtgottesacker, 2. erw. u. aktual. Aufl., Halle 2003.

STADTMUSEUM MÜNSTER (Hg.): Das Königreich der Täufer, 2 Bde., Münster 2000.

TREU, MARTIN: Lutherhalle Wittenberg, 2. Aufl., Regensburg 1997.

DERS.: Martin Luther in Wittenberg. Ein biographischer Rundgang, 3. Aufl., Wittenberg 2010.

DERS.: Katharina von Bora, 8. Aufl., Wittenberg 2011.

TULLNER, MATHIAS: Geschichte Sachsen-Anhalts, München 2008.

WERL, ELISABETH: „Heinrich der Fromme", In: Neue Deutsche Biographie 8 (1969), S. 391–393.

DIES.: „Katharina, Herzogin zu Sachsen, geborene Herzogin zu Mecklenburg", In: Neue Deutsche Biographie 11 (1977), S. 325–326.

WIESSNER, EDELTRAUD: Melanchthonhaus Wittenberg, München, Zürich 1993.

WOLF, MANFRED: Thesen und andere Anschläge. Anekdoten um Martin Luther, Leipzig 2005.